La France Artistique — Bretagne

FINISTÈRE

d. MONNIER, de BRUNHOFF et Cⁱᵉ, éditeurs, 16, rue des Vosges, Paris.

LA FRANCE ARTISTIQUE ET PITTORESQUE

BRETAGNE

Il a été tiré de cet ouvrage

30 exemplaires sur Japon impérial, signés, numérotés,

au prix de **20 fr.** l'un.

4105 85. — Corbeil. Typ. et Stér. Crété.

LA FRANCE ARTISTIQUE ET PITTORESQUE

BRETAGNE

PAR

HENRI DU CLEUZIOU

TOME I

Le Pays de Léon (Ire partie)

Illustrations de Th. BUSNEL

·❋·

PARIS

ED. MONNIER, DE BRUNHOFF ET Cᵗᵉ, ÉDITEURS

1886

Pl. I

de Cœtivy

de Rohan

de Penhoet

du Châtel et du Juch

de Rostrenen

de Carman

de Léon

de Goulaine

de Beaumanoir

de la Forest

de Sourdis

de Penmarc'h et de Kermenguy

ARMOIRIES DES FONDATEURS DE L'ÉGLISE NOTRE-DAME DU FOLGOAT.

INTRODUCTION

———

Par une de ces belles journées
de septembre qui sont comme
une dernière caresse du soleil
à la nature au moment où il va
s'enfoncer dans les brumes de
ce que les Bretons appellent les
mois noirs (mis du, mis kerdu),
nous descendions, il y a quelques
années, la délicieuse rivière de
Châteaulin, sur le bateau à
vapeur qui faisait alors le trajet
de cette ville au port de Brest.

Sous nos yeux se déroulaient successivement des paysages à faire rêver un professeur d'algèbre. La croupe arrondie des collines, garnie de champs cultivés, bordés de chênes tordus, se mirait dans le cristal pur de l'onde; au milieu de prairies grasses, s'étendant à perte de vue, erraient de grands bœufs à l'œil calme. A l'angle d'une vallée discrète se profilait la toiture élevée d'un antique moulin, accosté de quelques blanches maisonnettes couvertes de chaume. Au-dessus des grands arbres dorés par l'automne se dressait la flèche d'un petit clocher, orné de sa double galerie à jour et de ses contreforts découpés en clochetons aigus. Tout là-haut, presque dans les nuages, apparaissait la grandiose silhouette du *Ménè-Hom*, ce pic sacré surmonté de sa sainte chapelle, que saluaient de loin des paysannes au justaucorps brodé de couleurs vives, accroupies sur des cordages à l'avant du bateau. Des mouettes sauvages passaient en lançant dans les airs leur cri strident, semblables à la plainte d'une âme oubliée.

Assis près du gouvernail, sur un des pliants du bord, je me laissais aller à la poésie qui se dégageait tout naturellement de ces harmonies d'une suavité merveilleuse, bercé par le souvenir des vers du poète de Marie, qui revenaient sans cesse à ma mémoire, et je répétais avec lui ce refrain devenu populaire.

O Breiz-irel! o kaera bro!
Koad enn hé c'hreiz mor enn hé zro!

« Oh! ma Bretagne, oh! cher pays. — Bois au milieu, mer tout autour. »

Heureux de vivre, heureux de voir encore une fois, avant de la quitter pour de longs mois, cette terre si chère en souvenirs d'enfance, je m'abandonnais, comme dit Panurge, à une contemplation *véhémente*, quand tout à coup, à deux pas de moi, la voix bête d'un commis voyageur loquace et vantard vint frapper désagréablement mon oreille.

Je l'avais déjà rencontré à Quimper, il avait été mon voisin de table à la petite auberge de *Port-Launay*, où j'étais descendu, le matin. Plus je m'éloignais de lui, plus il semblait vouloir se rapprocher de ma personne avec une insistance ultra-familière. Je l'avais à peine entendu jusque-là, lorsque sa parole perçante me tira malgré moi de ma douce rêverie.

Oh! quel pays que cette Bretagne! disait-il en s'adressant à deux confrères, que son étourdissante verve remplissait d'admiration. Puis il se mit à développer ce qu'il appelait son *truc*. C'était un juif de derrière les fagots, et il voyageait pour la *bondieuserie*, c'était son mot; son père et sa sœur, qui le précédaient de quelques jours et qu'il devait retrouver à Brest, étaient associés à son commerce. La sœur *faisait* les couvents, le père les séminaires et les évêchés, lui les paroisses rurales. Et il ouvrait un album contenant des dessins coloriés de ciboires, de calices, d'ostensoirs, de crucifix, de médailles, de chapelets, etc., avec modèles de broderies d'aubes, de parements d'autels, de rideaux de tabernacle et d'ornements de toute espèce.

« La Bretagne, clamait-il, c'est une terre promise, un vrai pays de Cocagne; dans trois ans nous y aurons fait fortune. » Et il énumérait ses commandes, calculant tout haut ses bénéfices, citant un tas de noms, qui me semblaient comme profanés en s'échappant de sa large bouche de Sémite avide et rapace. Il avait parcouru tout le pays de Vannes et toute la Cornouaille, jusque dans ses recoins les plus oubliés, et pour lui Carnac aux vieux menhirs n'était qu'un chiffre : trois mille francs de commission. Faouet au surprenant jubé, Pleyben au grand calvaire, Penmarck à la torche effrayante, représentaient trois cents, quatre cents, cinq cents francs de gain, avec encaissement sûr. A Châteaulin même, dans une heure, il avait trouvé moyen de placer un vêtement sacerdotal pour messes des morts sur lequel il réalisait cent francs nets en un tour de main. Comme il s'approchait de mon siège pour me faire jouir de la vue de ce fameux album, je me levai brusquement et m'esquivai derrière un groupe de gens sérieux qui eux, du moins, semblaient, d'après leurs gestes, examiner le paysage : il était question de terres, il est vrai, parmi ces messieurs, mais là on ne considérait le sol qu'au point de vue du rendement, et l'on parlait engrais, phosphate de chaux, drainage par fascines ou par tuyaux, assolement, reboisement, défrichement, orge, avoine et pommes de terre. Je m'adressai à l'un d'eux qui, décoré d'un ruban rouge, semblait ne prêter qu'une attention relative à toutes ces questions de fumier, et je lui demandai le nom d'une petite église dont on apercevait la flèche élégante à l'horizon : il me répondit presque gracieusement : *Logona*. Comme je m'extasiais sur le rythme sonore et la configuration grecque de ce mot, il me répondit sans tenir aucun compte de ma réflexion philologique : « Bon pays, Logona, excellent pays. Les Kerbras y ont une ferme qui rapporte au moins six mille livres de rentes ; elle est devenue leur propriété en 1810 par l'entrée dans la famille d'une cousine, Alice de Cœtmeur, qui la tenait du chef de son grand-père, un Kerdu, bonne famille de vieille souche, ancienne extraction, chevalerie, neuf générations à la réformation de Colbert ; leur écu est en supériorité dans la maîtresse vitre de l'église du bourg. » Il m'entretint de la sorte pendant plus d'un quart d'heure. Cet homme connaissait le nom de chaque tourelle ou de chaque manoir éloigné ou voisin de la rive, et me citait tous les seigneurs auxquels ils appartenaient, revenant sans cesse sur les Kerdu et les Kerbras, dont Louis Ier, chef de nom et d'armes, avait fait preuve en 1715 pour monter dans les carrosses du roi. Je l'écoutais sans l'interrompre, examinant de près ce phénomène, mais ne pouvant parvenir à le comprendre, et je songeais malgré moi au Chat botté du conte de Perrault et aux paysans menacés d'être hachés menus comme chair à pâté qui criaient à tout venant : « Tout ceci, tout cela est au marquis de Carabas. »

A la fin d'une de ses tirades, je le quittai en le remerciant, et j'allais regagner ma place, quand un gros homme auquel j'avais offert du feu pour allumer son cigare me prit familièrement le bras en souriant. « Quel raseur que le baron, me dit-il, avec un accent méridional qui sentait d'une lieue le cours

Belzunce ou la Cannebière, mais on lui pardonne tout : il a de si bon bordeaux dans sa cave. C'est la première fois que vous venez en Bretagne ? — Non, je suis un peu du pays, et j'ai parcouru cette province nombre de fois déjà. — A pied, le sac au dos ? dit-il, en désignant du doigt mon bagage qui se trouvait sur le pont près du regard de la chaudière. »

Je fis un simple signe d'assentiment muet.

« C'est la bonne manière, reprit-il, comme ça on voit tout par soi-même, on goûte vraiment les produits du sol ; moi, c'est par cette dégustation que je juge véritablement une contrée. Tenez, voilà Pontcroix, là-bas derrière ces hautes collines. Nulle part vous ne trouverez de moutons comme dans cette presqu'île d'Audierne ; oh ! les côtelettes de Pontcroix ! — il fit claquer sa langue sur ses lèvres lippues, — un vrai plat de chanoine. Où descendez-vous, à Brest, chez Lavedan ? Demandez des coquilles de Saint-Jacques, et recommandez d'y mettre de l'ail, c'est la seule chose qu'ils oublient quelquefois. Passez-vous par Roscoff ? mangez des artichauts à la sauce surtout. Si nous étions au printemps, je vous engagerais à traverser la rivière au passage de Kerhuon, rien que pour vous faire servir une assiette de fraises à Plougastel. A Lannion, faites-vous conduire à la Porte de France, c'est le seul endroit de Bretagne où l'on boit du cidre de Keralzy, un cru connu des rares initiés. A Tréguier, n'oubliez pas les huîtres avec une bouteille de vin de Grave, ils en ont de délicieux, au petit hôtel des Voyageurs. Il y a des choses qu'on doit consommer sur place, mon cher monsieur ; à dix lieues, elles ont perdu toute leur saveur. Est-ce qu'on hume des pots de crème de Blois ailleurs qu'à l'auberge du Château ? Les voyages n'ont que cela de bon ; moi j'ai parcouru la France de long en large. Au seul nom d'une localité, je sais le menu du repas que j'y dois faire. »

Nous étions arrivés, dans notre promenade un peu restreinte, près des bancs affectés aux passagers de l'arrière ; je m'étendis sur l'un d'eux sans rien répondre à mon gastronome ; dans l'état d'esprit où je me trouvais, ses théories me renversaient complètement. Au regard qu'il me lança, je compris qu'il me classait désormais dans la simple catégorie des profanes; il s'éloigna dédaigneusement et continua sa marche régulière que nécessitait sans doute la digestion pénible d'un trop copieux déjeuner, comme le manifestait du reste la coloration violente de sa face congestionnée par des libations un peu trop répétées.

J'étais comme abasourdi par ce cliquetis d'opinions diverses. Appuyant ma tête dans mes mains, je tâchai de m'isoler un instant de tout ce monde pour reprendre enfin possession de moi-même. « Oui, repris-je après un bon moment de réflexion, l'âme de l'homme est assez semblable à ces sources que l'on rencontre au fond des bois. Quand elles sont troublées, par un accident intérieur, rien de la nature ne s'entrevoit dans leur eau bourbeuse et terne. Vienne le calme complet, et les fleurettes voisines, comme les grands arbres lointains, se refléteront bientôt dans leurs ondes redevenues limpides, avec une vérité d'aspect et de couleur incomparable.

« Pauvre Bretagne aimée! Pour te comprendre, il faut décidément un cœur absolument vide d'intérêts sordides, de prétentions surannées, d'appétits grossiers : il faut l'absence de tout préjugé, destructeur de tes sublimes harmonies, l'anéantissement de l'esprit de parti et des idées préconçues, qui dénaturent ta physionomie si belle et si grandiose; il faut un sentiment de l'art qui manque à bien des gens. Le sentiment de l'art ! » Et je me lançai dans une méditation d'esthétique transcendante qui me mena tranquille jusqu'au bas de la rivière. Je vous en fais grâce pour le moment.

Nous arrivions à l'anse de Landevenec où se cachent, sous des figuiers touffus, les ruines du monastère fondé par Guenolé, l'ange blanc des saintes légendes.

A l'abri des coteaux verdoyants, couverts d'arbres gigantesques, se détachaient dans l'ombre du rivage les grands pontons, vieilles coques aujourd'hui veuves de leurs hautes mâtures; ruines colossales, jadis grouillantes de vie au temps des lointains voyages, maintenant désertes, muettes et réduites à l'état de simples magasins, réserves classées de l'arsenal du Port de la Penfeld. Nous passâmes rapidement sous la ligne de leurs sabords, désormais inutiles, fermés de volets noirs, et le séjour béni des bénédictins, auteurs de l'histoire de Bretagne, nous apparut dans toute sa majestueuse solitude. « *Teven*, comme dit Dom Le Pelletier : *Splendor solis*, territoire à l'abri de tous les mauvais vents, au pied d'une hauteur, exposée au soleil d'Orient et du Midi : et tel est en effet le lieu où je travaille à ce dictionnaire, *Lan Tevenec.* »

Au milieu des grands bois un bloc de rochers, d'une forme étrange, semblait figurer un religieux à capuchon rabattu sur la tête. *Min Manac'h,* la pierre du moine, me glissa le timonier qui, penché sur sa roue, veillait à la direction du navire. « Merci, » lui répondis-je en souriant. Seul peut-être dans cette foule, celui-là *regardait* ces rivages qu'il devait pourtant connaître depuis bien longtemps.

Après avoir passé *Tibidy*, l'île de la prière, nous entrâmes dans la rade de Brest. Jamais coup d'œil plus magnifique n'avait frappé mes regards; je restai longtemps comme en extase : une intraduisible impression, dont je ne me rendis pas compte au premier instant, faisait battre mon cœur à se rompre, et je sentis comme des larmes perler au bord de ma paupière. Le paysage était en effet d'une splendeur sans égale.

Des stries blanches et comme nacrées rayaient au loin la mer. Au-dessus se dessinaient dans l'air les hautes falaises de la pointe espagnole et l'entrée du goulet. De grands vaisseaux à l'ancre, dont les voiles pendantes séchaient au soleil, se balançaient lentement remuées par le souffle de la brise. Quatre ou cinq cuirassés de la flotte montraient au-dessus des vagues la brillante armure de leurs flancs, chargés d'une artillerie formidable; près d'eux glissaient rapides les petites barques à voiles rouges des pêcheurs de la côte. Et Brest, à l'horizon, avec ses grands remparts garnis de verdure sombre et les tours noires de son vieux château, semblait un immense dogue

accroupi, calme dans sa force, veillant sur cette armée flottante
confiée à sa garde.

Nous dépassâmes l'île Ronde.

Il se fit à ce moment, sur le pont du bateau où je me trouvais, un complet silence. Le Marseillais n'ouvrait la bouche que
pour lancer de temps à autre dans l'espace la fumée de son
londrès. Les agriculteurs, les bras croisés, contemplaient
l'onde sans mot dire, et le commis voyageur en saintetés,
ne trouvant à qui s'adresser, restait comme ébahi devant
l'immense mer.

Avez-vous vu des paysans naïfs entrer pour la première fois
dans la grande galerie du palais du Louvre, ou des bourgeois
malappris franchir le seuil de Notre-Dame?

Saisis d'un respect subit, quand ils osent se parler entre
eux, ce n'est qu'à voix très basse qu'ils échangent leurs
pensées.

A l'attitude de mes compagnons de route, je crus sentir qu'il
se passait dans leur esprit quelque chose d'analogue à l'émo-
tion qui s'empare du bourgeois et du paysan devant le rayon-
nement des chefs-d'œuvre de l'art.

La nature avait dompté leur indifférence.

Puissance inouïe du beau sur tout ce qui est humain.

Alors je compris aussi toute la portée des rimes du chantre
des Ternaires.

> *O Breiz Izel! o kaera bro.*
> *Koad enn he c'hreiz mor enn he zro!*

Quelle contrée au monde en effet pouvait offrir successivement des impressions d'abord si douces et si charmantes se
transformant tout à coup en manifestations si sublimes et si
grandioses!

Pays d'Arvor, terre des vieux Celtes mystérieux, qui donc
peut se vanter de t'avoir compris jusqu'au fond?

Les uns n'ont voulu voir dans toi que le dernier refuge de

l'ignorance et de la barbarie. Ils ont fait des paysans de Cornouailles et de Léon des êtres rudes, farouches, sales à rendre jaloux saint Labre, se tuant à coup de *pen bas* pour un oui ou pour un non, dignes à peine du nom d'hommes, bêtes fauves vivant dans des tanières, espèce d'*anthropomorphes* vêtus de peaux de bêtes comme les *précurseurs* de l'époque quaternaire, couchant pêle-mêle avec leurs bestiaux, barbottant dans la fange, se vautrant dans l'ordure, et mangeant dans des écuelles creusées à même au milieu de leurs tables taillées dans des troncs d'arbres à peine dégrossis à la hache.

D'autres ont peint la Bretagne comme une terre d'idiots béats, conduits servilement à l'abêtissement par des recteurs plus abrutis encore que leurs ouailles, se ruant en oraisons du matin au soir, invoquant saint Herbot pour avoir du bon beurre, saint Thuriau pour faire de la fine galette, saint Yves pour lever la pâte, saint Guyomard pour guérir les écrouelles, et saint Marc pour se préserver de la piqûre des guêpes. Toujours à genoux devant quelque amulette grossière ou quelque *grigris* surnaturel et capables de manger l'herbe croissant à l'ombre d'un sanctuaire quelconque pour se guérir de la colique ou du mal de tête.

Malloz ru qu'ils sont loin de la réalité, ces messieurs.

Par contre, des raffinés, plus menteurs peut-être, ont garni les vitrines de tous nos encadreurs de bergères à la coiffe délicieusement bordée de valenciennes ou de guipure, la taille finement prise dans un corsage de satin rose, la jeannette d'or au cou, s'en allant avec des gestes mignards et des yeux en coulisse, par des sentiers garnis de myosotis et de roses pompons en effeuillant la marguerite, comme de simples *Gretchen* d'outre-Rhin.

Au bas ils écrivent Yvonne ou Marinette et se figurent avoir fait des Fouenantaises pleines de *caractère*, comme ils disent dans leur prétentieux langage.

Ailleurs, sur des barques légères, ils couchent un jeune gars aux cheveux bouclés, avec une veste à boutons d'or, une large

ceinture de cuir brun, des souliers à bouffettes et des guêtres
de chasse, qui écoute amoureusement la romance d'une pê-
cheuse chaussée d'un bas blanc irréprochable, les pieds serrés
dans des mules étroites remuant avec des doigts effilés des
rames délicates peintes en vert tendre.

Ils intitulent le tout « Idylle armoricaine ». Le Parisien
candide achète la chose, la met en place d'honneur dans la
chambre à coucher de sa fille, et tout le monde croit avoir la
reproduction fidèle des habitants du pays des Korigannes, des
romantiques fileuses des *grèves* du pardon de Ploërmel.

Hélas ! les créateurs d'animaux immondes ne sont pas plus
vrais que les fabricants de ténors d'opéra comique.

La Bretagne n'est pas plus le rêve parfumé de ceux-ci que
la conception sordide de ceux-là.

Il en est encore qui, plus provinciaux que la province elle-
même, prétendent ne trouver là-bas, derrière chaque buisson,
dans chaque petit castel, que les champions invaincus des re-
vendications du contrat de la reine Anne. Ceux-là écrivent qu'en
plein xix⁰ siècle les peuples armoricains ne se considèrent
pas comme français, qu'on leur a extorqué leurs *privilèges* et
qu'ils les réclament à grands cris.

Le Léonard ou le Cornouaillais actuel ne pense pas davantage
à s'insurger pour la bonne duchesse qu'il ne rêvait, il y a quelques années, d'appeler chez lui l'héritier légitime du trône
pour proclamer la royauté française à Questembert ou à Landerneau, et marcher sur Paris.

Qu'on se souvienne de la fameuse légende de *Salaun, le fou
du bois*, qui n'était ni Blois, ni Montfort. Le vrai peuple breton
des montagnes noires, aux plages de Guisseny, du cap Finistère aux rives de la Vilaine, si on l'interrogeait sérieusement
aujourd'hui, répondrait peut-être encore qu'il n'est pas plus
Montfort que Blois.

Du reste, aux royalistes acharnés, les républicains répondent
non sans une certaine apparence de vérité, que Rennes a fait
la première la Révolution française avec *Omnes Omnibus* et

Moreau, que le pacte de fédération fut signé à Pontivy avant de l'être au Champ-de-Mars, et que le club des Jacobins de Paris s'appela d'abord le *Club Breton.*

Comme tout cela pour les simples voyants est faux de ton, comme tout cela n'est qu'obscurcissement et nuages !

La vraie Bretagne, la nôtre, c'est celle qui nous apparut au détour de l'anse de Landevenec dans une splendeur qui imposa silence aux hobereaux orgueilleux, aux satisfaits égoïstes, à tous les vendeurs du temple.

Celle-là, nous voulons, sans esprit de parti politique, social, religieux, particulariste ou autre, la présenter enfin au public dans toute la sincérité de notre cœur. Ne croyez-vous pas qu'il en soit temps ?

Notre âge est fou de réalité, il a certes mille fois raison. Du reste, notre chère province ne perdra rien à paraître sans poudre et sans rouge devant vous. Elle est assez *artistique* pour cela.

C'est la Bretagne du peuple que nous voulons montrer à tous, avec son culte des ancêtres qui ne l'empêche pas de marcher le front haut vers l'avenir, car, comme le dit si justement M. Ernest Renan, « les vrais hommes de progrès sont ceux qui ont pour point de départ un respect profond du passé. » Avec ses coutumes et ses usages, moins naïfs qu'ils en ont l'air, quand on sait les expliquer par leurs origines, avec ses légendes, sa seule histoire, la vraie, car c'est encore l'auteur des *Souvenirs d'enfance* que nous citons : « la légende fait rétrospectivement l'histoire comme elle aurait dû être, » avec ses paysages superbes et son art si personnel enfin.

Prenant pour devise ce mot des conteurs trécorois :

Ne lavaret netra ne peus qet guelet
Ne discrevelet netra ne peus qet clevet

« Ne dis rien que tu n'aies vu, ne raconte rien que tu n'aies entendu. »

Nous tâcherons de nous maintenir toujours dans la voie du réel, en offrant ici à nos lecteurs le résultat de nos modestes études, avec une franchise parfaite.

Heureux si nous parvenons à plaire à ceux qui, comme nous, n'ont qu'un seul désir et qu'une seule ambition, *la recherche de la vérité*.

Armoiries du duché de Bretagne entourées des colliers de l'ordre de l'Hermine
et de l'ordre de l'Épi.

CHAPITRE PREMIER

LES FONTAINES SACRÉES

SAINT-LAURENT-DU-POULDOUR — LANMEUR
SAINT-JEAN-DU-DOIGT.

ORSQUE l'on pénètre dans ce que l'on appelle actuellement le département du Finistère par la voie de Paris à Brest, la première station que l'on rencontre en quittant les Côtes-du-Nord, c'est celle de Plouigneau. Non loin s'élève la fameuse chapelle de Saint-Laurent-du-*Pouldour* (Saint-Laurent-de-la-Fontaine) où se trouve une piscine sacrée, vénérée par le pays tout entier.

Si l'on prend la route de terre, de Lannion à Morlaix, la première cité que l'on aperçoit après avoir dépassé le *Douron* (1), ruisseau qui forme

(1) *Dour*, eau en breton, radical celtique de l'*Adour*, de la *Dordogne*, de la *Durance*, etc.

de ce côté la limite du département, c'est celle de Lanmeur, autrefois *Kerfeunteun* (la ville de la fontaine), où se voit dans une crypte romane excessivement curieuse l'antique source qui donna son nom à ce lieu saint.

Enfin, si l'on aborde ce même Finistère par la grande mer, le premier clocher qui frappe vos regards, après *Toul an Heri*, c'est celui de Saint-Jean-du-Doigt, pieux pèlerinage où s'élève à l'entrée du cimetière une fontaine monumentale chargée de statuettes gracieuses, et d'anges aux ailes repliées, qui déversent l'onde pure des hauts bassins dans des coupes inférieures du plus charmant effet.

Trois chapelles, trois fontaines.

On sent qu'on entre dans la région sainte par excellence, et pourtant nous ne sommes pas encore dans le diocèse de Léon proprement dit. Lanmeur était une enclave de Dol, et Saint-Laurent comme Saint-Jean appartenaient à l'évêque de Tréguier, dont la suprématie s'étendait jusqu'à la ville même de Morlaix, sur tout le côté droit de la rivière du *Dossen* (1).

Il est de mode de tourner en ridicule l'amour des paysans bretons pour leurs sanctuaires, et de traiter de superstitions catholiques absurdes les cérémonies qu'ils accomplissent dans ces lieux bénis. Nous nous garderons bien de suivre cette mode, car dans ces cérémonies et ce culte, en y regardant d'un peu près, nous espérons vous montrer tout autre chose que ce que l'on veut bien y voir de parti pris.

« Les religions, dit M. Émile Burnouf, ne font pas table rase, quand elles se succèdent l'une à l'autre, mais elles se pénètrent en quelque sorte comme les deux formes successives d'un insecte qui se métamorphose, la forme nouvelle se substituant par degrés à l'ancienne et ne s'en débarrassant tout à fait qu'avec le temps. » (*La Science des religions*, par Émile Burnouf, directeur de l'École française d'Athènes, p. 80.)

Les Celtes avaient une manière d'adorer Dieu qui, quoique simplement humaine, n'en était pas moins parfois très grandiose.

Les Bretons, leurs fils, ont gardé quelque chose de cette manière. Pourquoi leur en faire un crime?

Le soleil était considéré par les Aryas de l'Inde comme le moteur universel, le générateur par excellence, et le feu, son symbole vivant ici-bas, contenant comme lui chaleur et lumière, devint l'objet principal de leur culte.

_____

(1) Un des quais de cette ville conserve du reste la tradition de ce fait, et se nomme encore aujourd'hui le Quai ou les *Lances* de Tréguier.

« Seigneur des créatures, disent les hymnes du Véda, sois-moi propice, louange à toi, je désire te connaître, essence primitive, car je ne puis saisir la marche de ton action. »

« Sois notre protecteur, Soleil, qui vois et contemple toute chose ; nous adorons en toi la lumière du Créateur resplendissant, qui lui-même provoque nos prières. »

Ils faisaient en son honneur ce fameux feu sacré, produit du bois vierge que n'avait pas touché le fer impur, qui, fils visible « de celui qui règne dans les cieux », l'astre suprême, avait comme père ter-restre l'ouvrier de bois, la cheville agitée par un lien de cuir, et naissait au milieu de la paille de la crèche amoncelée contre lui, par le souffle, le vent, *spiritus*, avec lequel on l'animait à la voix du prêtre qui le consacrait sur la montagne sainte.

Le paysan des côtes d'Armorique, en l'honneur de saint Jean, au solstice d'été, allume en face de la mer ce même feu sur sa colline. Pourquoi en faire un ignorant grossier?

Dans le noyau central du monde, sur le haut du mont *Meru*, l'habi-tant des rives de l'Indus et du Gange jadis s'écriait : « Ciel, mon père ; Terre puissante, ma vraie mère, c'est en ce haut lieu qu'*Agni* féconde le sein de celle qu'il aime. »

L'épreuve de la fontaine.

« Que la source de vie, que les grands fleuves naissent de ce contact, et des-cendent avec vitesse du sommet des mon-tagnes, roulant des flots abondants. Beaux, magnifiques et superbes entre leurs rives fertiles. »

« Qu'ils accor-dent à nos prières des cavales arden-tes et des troupeaux nombreux. »

Le Trécorois, et le Cornouaillais du temps présent, s'en va sur le *Mené Hom* ou sur le *Mené Bré*, les pics les plus élevés de la contrée. Là il s'arrête aux sources qui

s'échappent du flanc de ces montagnes, y jette une petite pièce de
monnaie et demande à saint Hervé (le grand vivant, *Er Veo*) de
préserver ses étables de tout malheur.

La Léonarde gagne la fontaine voisine de son village, et détachant
de son corsage l'épingle qui réunit les plis harmonieux de son mouchoir, la jette au fond de l'eau pour réclamer un époux fidèle, un
mari digne de son amour.

En quoi est-elle donc si ridicule?

Sous les grands bois, dans la forêt profonde, le rustique habitant
des chaumières du bas Léon, saisi tout à coup par le jeu des ombres
oscillantes sur le tronc lisse des hêtres ou l'écorce rugueuse des vieux

Fontaine sacrée près de Saint-Pol.

chênes, écoute en silence la grande voix du vent dans les branches
hautes, le frémissement de la brise dans les feuilles mortes : il se
croit dans une de ces cathédrales nées d'une impression semblable,
son âme s'échappe et vole au-dessus de la terre, il prie Dieu de tout
son cœur.

Pourquoi trouver dans cette élévation de son esprit une extrava-
gante imbécillité?

Au détour de la lande enfin, le soir, en rentrant au logis, il voit se
dresser blanche, sur l'horizon bleu des flots, une haute pierre, marque
de la tombe d'un ancêtre oublié. Découvrant son front ridé par
le dur labeur du jour, il salue ce *menhir* et pense aux siens qu'il
a perdu.

En quoi ses prières et son souvenir sont-ils donc absurdes et
puérils?

Cette religion n'a persisté chez lui que parce qu'elle était l'expres-
sion vraie de son contact perpétuel avec la nature. Ces symboles, il
les a trouvés respectés par ses pères. Comme ils rendaient palpables

des faits observés journellement par lui-même, il les a reconnus bons et s'en est ému à son tour.

Le croire stupide et sot est faire acte d'ignorance profonde. Étant admis que, grâce à la science, il serait aujourd'hui « honteux de paraître *athée* » — c'est encore M. Burnouf que nous citons — notre paysan est peut-être plus près du vrai qu'on ne le pense. En tout cas, sa foi n'a rien de risible. C'est la foi des aïeux, et celle-là doit être bien vraie, puisqu'elle a résisté à toutes les attaques depuis les siècles les plus reculés.

Certes, ce ne sont pas les persécutions qui ont manqué à ces croyances naïves.

Le concile d'Arles, en 452, proclame que « celui qui néglige d'extirper la coutume d'adorer les fontaines, les arbres, les pierres, est coupable de sacrilège ».

En 567, le concile de Tours « conjure les pasteurs de chasser de l'église tous ceux qu'ils verront faire devant certaines pierres des choses qui n'ont point de rapport avec les cérémonies de l'Église, et ceux qui gardent les observances des gentils. (Can. 22) ».

En 538, le synode d'Auxerre renouvelle de virulentes attaques contre ces superstitions païennes.

Saint Ouen, le successeur de saint Romain, un des premiers évêques de Normandie, appelle ces pratiques « impures et sacrilèges ».

En 743, le concile de Leptine défend les cérémonies qui se pratiquent auprès des *fans* consacrés à Mercure et à Jupiter.

Le concile de Nantes, à son tour, apprend au peuple qui apporte ses vœux et ses offrandes aux pierres situées dans des lieux agrestes, que les démons seuls stationnent près de ces pierres, et que ces adorations sont impies au premier chef.

L'évêque de Cahors ordonne la destruction et l'enfouissement de tous ces symboles.

Enfin, en 789, Charlemagne, dans un capitulaire daté d'Aix-la-Chapelle, dit « qu'à l'égard des arbres, des pierres et des fontaines où quelques insensés vont allumer des chandelles et pratiquer d'autres superstitions, on abolira cet usage, et que celui qui, suffisamment averti, ne ferait pas disparaître de son champ les simulacres qui y sont dressés, soit traité comme sacrilège (1) ».

Mais à ce courant romain s'opposa chez nous ce que nous oserons appeler un courant celtique, celui des saints de la grande île des *Brens* d'Irlande.

_____

(1) *Art national*, t. 1er, p. 73. Que l'on s'étonne après cela de la disparition des monuments celtiques dans certaines contrées de la France. En conclure qu'il n'y en a jamais eu est faire œuvre de simple savant patenté.

Eur. Brenin euz. an Hyberny.

Comme disent les légendes, ces saints, bons avant tout et calmes dans la force de leurs convictions, se contentèrent de bénir les fontaines en les déclarant saines et sacrées, de poser dans le creux des vieux ormes des images de la mère par excellence, en les appelant « les arbres de la Madone », de tracer enfin sur les *menhirs* une simple croix pattée, affirmant à tous, avec une autorité que leur irréprochable vie rendait surtout vénérable, que « la pierre était bonne avec l'évangile ».

Les cultes ainsi se greffèrent l'un sur l'autre sans secousse et sans rupture, ce qui était bien l'idée du fondateur du christianisme, qui, lui aussi, fréquentait assidûment les puits et les fontaines de Samarie, les grands lacs du pays de Galilée, et prêchait si divinement sur les montagnes.

Charité — *caritas*, amour de l'humanité tout entière — mot sublime recueilli de sa bouche et transmis aux générations futures, par son disciple le plus cher, Jean, qui s'en allait partout répétant sans cesse : *Filioli, diligite invicem.* « Enfantelets aimés, chérissez-vous les uns les autres. »

Les saints irlandais, les Gildas, les Brieuc, les Malo, les Servan, les Armel, les Goulven, les Efflam, sauvèrent par leur tolérance la foi naissante des Bas-Bretons de cette époque, et implantèrent pour toujours la bonne nouvelle (*eu angelion*) dans ce pays où régnait, où règne encore en maître, comme vrai fondement de toute religion, le respect profond des ancêtres.

C'est lorsqu'il nous fut donné d'assister pour la première fois aux *lustrations* presque païennes de Saint-Laurent-du-Pouldour, que les réflexions résumées par nous dans les quelques lignes qui précèdent se présentèrent en bloc à notre esprit.

C'était par une belle matinée du mois d'août, il y a quelques années à peine, nous dessinions la fontaine avec ses escaliers latéraux, son double siège de pierre, ses bassins et le grand puits monumental, d'où coule, par un canal de granit taillé, la source merveilleuse.

Assez loin pour ne troubler en rien la cérémonie, assez près pour pouvoir en suivre tous les détails, nous pûmes en faire d'une seule fois l'observation la plus complète possible.

D'abord, descendit une femme les épaules nues, à peine couvertes par un mouchoir à carreaux qu'elle enleva d'un geste brusque quand elle se fut assise sous le jet qui descend du haut de la piscine. Alors, après une courte prière, elle rejeta tout son corps en arrière et hardiment, présentant sa poitrine au courant, reçut en plein cœur la douche bienfaisante. Un cri douloureux s'échappa de ses lèvres, mais résistant fièvreusement au mal, trois fois elle recommença l'épreuve. Reprenant alors son vêtement, elle gravit les marches,

Fontaine de Saint-Laurent-du-Pouldour.

et, se livrant aux mains de ses compagnes, endossa son *justin*, plaça sur sa chevelure renouée sa coiffe blanche, et s'en fut prier à la chapelle. Plusieurs autres jeunes filles la suivirent, imitant son exemple et répétant comme elle :

« *Sant Lorans hon preservo, haga lamo digancomp ar boan isili.*

« Que saint Laurent nous préserve, et qu'il enlève de dessus nous le mal de nos membres. » Le défilé dura plus d'une heure ; après ce baptême ultra-primitif, toutes rejoignirent les hommes qui stationnaient un peu plus loin près d'une croix couverte d'ornementations dolméniques. C'était avant l'aurore que les mâles avaient opéré leurs ablutions. Le soir, nous trouvâmes tout ce monde réuni sur la pelouse,

Croix antique à Saint-Laurent-du-Pouldour.

dansant à la voix, en chantant des refrains dont il ne nous fut pas donné de pénétrer complètement le sens.

Jamais ce spectacle étrange ne nous sortira de la mémoire. Certes, c'étaient des chrétiens bien antiques que nous avions là sous les yeux : ils ne nous en parurent que plus respectables. Aucun clerc, du reste, n'assistait à cette cérémonie.

La chapelle de Saint-Laurent-du-Pouldour, devenue la propriété particulière de la famille d'un prêtre *jureur*, est depuis longtemps mise à l'index.

Quelques mois après, en octobre, nous fîmes tout exprès le voyage de Lanmeur, pour voir par nos yeux le pardon de Saint-Melar. La crypte où reposa, jadis, le corps du descendant des rois de Bretagne (1) était pleine de femmes et d'enfants agenouillés sur le sol

_____

(1) Les reliques de saint Melar (ou Meloire) furent enlevées à Lanmeur par

dur. Au milieu de l'autel se dressait la statue mutilée du saint, à peine éclairée par quelques cierges, qui projetaient leurs lueurs incertaines sur les gros piliers, couverts non de serpents entrelacés, comme on l'a si souvent écrit, mais de feuillages entortillés d'une façon bizarre. Un vieux prêtre récitait en langue bretonne des lita-

Crypte de Lanmeur.

nies d'un style passablement vulgaire; les femmes lui répondaient par un refrain monotone, d'une harmonie pleine de vague tristesse.

l'archevêque de Dol; il n'y resta que son cercueil, une grande pierre creuse qui a disparu depuis. Quant aux ossements, ils furent confiés par le prélat qui les avait recueillis, à l'époque de l'invasion normande, avec ceux de saint Magloire, de saint Samson et de saint Maclou, à des religieux de son diocèse qu'Hugues le Grand reçut à Paris en 966. Le prince français fit bâtir pour ces moines bretons un couvent à la place de l'église Saint-Barthélemy proche le Palais (à l'endroit où se tint depuis le bal du Prado). Ils y restèrent jusqu'en 1138, époque à laquelle ils furent transférés en une chapelle de Saint-Georges, rue Saint-Denis, d'où la rue voisine prit le nom de rue Saint-Magloire qu'elle a gardé jusqu'à ces dernières années. Catherine de Médicis les en chassa pour des raisons qu'il serait trop long d'énumérer ici; on leur donna, en dehors des murs, du côté de la rue Saint-Jacques, un vaste enclos qui devint le séminaire Saint-Magloire, actuellement les Sourds-Muets. Lorsqu'on détruisit le sanctuaire de ce collège, les reliques conservées si précieusement furent déposées à Saint-Jacques-du-Haut-Pas, où M⁰ʳ de Quélen, encore un Breton, les consacra solennellement. Elles y sont encore.

La prière achevée, l'assemblée tout entière se leva, tous disparurent par l'escalier sombre qui menait à la chapelle haute. En passant par la fontaine, chacun trempait ses deux mains dans le petit bassin creusé dans le roc, puis les agitait au-dessus de sa tête. Je crus un instant que je venais d'assister à une réunion de catéchumènes du temps des empereurs, dans les catacombes de Rome la grande.

Comme en sortant je réfléchissais à ces âges primitifs, à ces chrétiens si convaincus dont ceux-ci semblaient les descendants directs, on me montra dans la ville la maison en bois du xv° siècle qui remplaça celle où mourut, dit-on, saint Melar. On y conserve une chambre que l'on appelle encore *Cambr ar sant* (la chambre du saint). Avec le prieuré de Kernitron (*l'église de la Dame*), c'est le seul édifice un peu remarquable de l'antique Kerfeunteun.

En rentrant à mon hôtellerie, j'ouvris aussitôt la *Vie des saints de Bretagne-Armorique*, par Albert le Grand, de Morlaix, de l'ordre des frères prêcheurs, pour y lire le récit de la mort de saint Meloire, prince et patron de la cité de Lanmeur.

J'ai toujours trouvé à l'étude sur place des *Chroniques* un charme particulier. Le concept des faits devient alors chez vous bien plus net et bien plus complet. Comment comprendre Saint-Simon, si vous n'avez feuilleté les pages de ses fameux *Mémoires* dans le château même de Versailles. Comment saisir Mme Campan, si vous n'avez visité la veille le parc, la laiterie ou le moulin joli de Trianon ? Comment approfondir Barbier, si vous n'avez suivi le matin le chemin de la rue Galande au Palais de justice.

Du reste, la relation du supplice de ce pauvre martyr de l'antique Domnonée, que n'a pas cru devoir canoniser la Congrégation des rites au Vatican, mérite cette attention particulière ; elle est de celles que l'on aime à entendre raconter tout au long, et on y trouve caractérisé dans toute sa barbarie la plus sauvage le rôle des *Jarles* bretons de cette époque, ces comtes qui prirent le titre de roi à l'instar des mérovingiens de l'Ile-de-France, dont ils furent les dignes acolytes.

On y voit l'influence néfaste qu'exerça sur nos chefs de clan l'exemple des mœurs sanguinaires des princes de la cour de Soissons, où les oncles tuaient tranquillement leurs neveux avec un sans-façon tout à fait germanique, pour se faire proclamer sans conteste leurs héritiers légitimes.

C'est une page qui semble détachée des *Chroniques* de Grégoire de Tours.

Nous allons essayer de vous la transcrire ici dans toute sa brutale naïveté.

Budic, fils d'Alain le Long, onzième roi de Bretagne-Armorique, venait de mourir en laissant trois fils, Théodoric, Miliau et Rivodius (1).

Théodoric l'aîné batailla longtemps pour maintenir ses droits, et mourut à la peine. Son fils Inocus se rendit d'Église et fut tondu comme un moine. Le second fils de Budic, Miliau, prit sa place, et sept ans il régna en grande prospérité. Il eut de sa femme, la reine Haurille, un enfant, le *mabic Melar*, doux comme un ange du ciel, et que tous chérissaient à l'envi.

Rivodius, le dernier frère, n'avait plus aucun espoir de parvenir à la couronne ; mais dans les veines de ce tyran coulait du sang de roi. A cette époque, noblesse si grande obligeait déjà : il sut bien le montrer.

Aussi commença-t-il d'abord par traîtreusement occire son cher frère Miliau, qu'honorent aujourd'hui, comme patron, Pluméliau en Vannes, Ploumiliau en Tréguier et Guimiliau en Léon ; puis il demanda la tutelle de son neveu. Les états d'Occismor la lui refusèrent solennellement, et la reine Haurille fut par eux déclarée régente.

Rivodius furieux, repassant en sa mémoire l'histoire de Clotaire de Paris, commença par chercher à empoisonner son neveu. Le venin n'eut aucune action sur ce corps protégé par le ciel. Alors, chargeant des *assassinateurs* d'une mission de confiance, il les envoya avec nombreux soldats pour s'emparer de la personne du jeune souverain.

Ceux-ci n'osant le tuer se contentèrent de lui couper la main droite et le pied gauche, le rendant de la sorte incapable de manier l'épée et de monter à cheval, principale occupation d'un chef couronné en ces temps de bataille où la force primait déjà le droit.

Cela fait, Rivod convoqua de nouveau les états en la ville de Carhaix, désavoua ses émissaires, réclamant même leur supplice, comme exemplaire punition d'un forfait épouvantable et se proposa de nouveau comme gouverneur de la province, au lieu et place du fils mutilé de Miliau, de glorieuse mémoire.

Un nouveau refus motivé sur sa malice et tromperie reconnues accueillit sa demande du reste.

Eun ael, a zisquen euz an ée.

Un chérubin descendit du ciel et vint apporter au jeune roi un pied d'airain, une main d'argent « dont il se servait aussi dextrement que

---

(1) Inutile de faire remarquer que nous sommes ici en pleine légende, et que tous ces princes sont aussi historiques que le fameux Conan Meriadec, qui, paraît-il, n'a jamais existé.

si c'eussent été ses membres naturels et qui croissaient à mesure
que les autres parties de son corps croissaient aussi. » Désespoir
nouveau du traître Rivodius, qui cette fois déclara que de la mort de
cet homme dépendait le repos de l'État, menterie habituelle aux
ambitieux qui veulent se pousser à la tyrannie. L'évêque de Cornouailles
chargé de protéger la personne du jeune Mélar avait placé près de
lui un seigneur digne de sa confiance, le comte Kyoltanus; ce fut à
celui-ci que s'adressa le féroce Rivodius; il lui promit la première
place à sa cour, et autant de terres que ses yeux pourraient en apercevoir du haut de la montagne voisine, le mont Frugi (1).

Quod Frugi Fruges frugifer ipse tulit,

ajoute le chroniqueur.

Kyoltanus, ébloui, accepta; mais il eut le malheur de s'en ouvrir à
son épouse, la belle Barilia, que quelques-uns nomment Rarisia.

« La femme eut comme un remords, dit l'auteur de la légende, elle
découvrit au prince Mélar la trahison qui se brassait contre sa vie
et lui procura les moyens de l'éviter. »

Le saint enfant s'enfuit alors vers un vieux château en Tréguier
près de la ville de Kerfeunteun à présent dite Lanmeur, « *urbs quæ
celtice Lan mur, alias magna ecclesia noncupatur.* » Kyoltanus, accom-
pagné de son fils Justin et de deux autres garnements de son espèce,
poursuivit sa victime. — Feignant le repentir, il se présenta au
prince en sujet soumis, se jeta à ses pieds, qu'il embrassa versant des
larmes feintes et réussit à le mener en l'hôtellerie où il était descendu dans ladite ville de Kerfeunteun.

Là, après un repas somptueux, il le retint jusqu'à la nuit et le força
même à coucher dans son propre lit en compagnie du félon Justin
son complice.

Le faon, s'écrie le père Albert, comme le Christ entre les larrons,
dormit entre le tigre et le lion, l'agneau reposa près des loups qui
allaient le dévorer.

Au matin en effet, comme le prince se levait, Justin tirant son épée
en déchargea un grand coup sur sa tête. Kyoltanus et ses aides
l'achevèrent pendant qu'il levait les mains au ciel demandant à Dieu
pardon pour ses bourreaux. Coupant alors la blonde tête de l'enfant,
le comte la jeta dans un sac de cuir, et se sauva par une fenêtre,
galopant jusqu'à la cité de Quimper, où l'attendait Rivod. Justin, en

(1) C'est la fameuse montagne qui sert aujourd'hui de promenade publique à
la ville de Quimper; les actes la nomment quelquefois *Mons Cuti.*

voulant suivre son père, se rompit le col et demeura sur place, tenant en main son épée teinte encore du sang du pieux martyr.

La chose ne profita pas plus à Kyoltanus qu'à sa maudite progéniture.

Lorsqu'il monta sur la colline pour contempler les terres qui lui avaient été promises, les yeux lui tombèrent de la tête, et peu après il mourut misérablement. Quant à Rivodius, il devint furieux ou enragé et mourut le troisième jour de sa maladie, sans avoir joui du royaume qu'il avait tant désiré.

Lorsqu'on leva le corps du pauvre roi Mélar pour le conduire en l'église cathédrale de Lexobic, où reposait déjà son père assassiné comme lui, le chariot couvert de velours noir traîné par six chevaux blancs, au lieu de suivre le chemin de Cos Yaudet, s'arrêta sur la grande place de Kerfeunteun et là se rompit en deux, laissant à terre la sainte relique qu'il fut impossible de faire remuer. C'est pourquoi l'archevêque de Dol la bénit et la fit placer en un sépulcre où, depuis, a été élevée une belle église dédiée à Dieu sous le nom et invocation de saint Mélar.

Telle est la touchante histoire de la fondation de l'église de Lanmeur (*le grand pays*) (1) où Juhel Béranger, comte de Rennes, tint sa cour avec ses hauts barons, qui fut archidiaconé de Dol, quelques-uns disent même évêché et qui n'est plus maintenant qu'une bourgade où ne s'arrêtent même pas les charretiers qui vont de la Lieue de grève à Montroulez.

Saint-Jean du Doigt n'est qu'à quelques lieues de Lanmeur; là aussi a lieu un *pardon* plein d'un caractère bien local; mais c'est en plein été, à la fin de juin, que se tient cette grande assemblée solsticiale.

Ce fut il y a bientôt vingt ans que nous la vîmes célébrer avec une pompe toute particulière. Il faisait un temps splendide. *Helios*, que les bretons prononcent *Héol*, avait tenu à remercier ses fervents des hommages qu'ils lui rendaient, et resplendissait dans l'azur, répandant à flots sa chaleur et sa lumière que tempérait une douce brise, arrivant droit de la grève.

La mer était au loin couverte de petites barques aux voiles légères; toutes les paroisses du littoral s'étaient donné rendez-vous chez « *monsieur saint Jean* », comme ils disent, et de Locquirec, de Plestin,

---

(1) Le radical *Lan* veut dire littéralement territoire, pays, région. *Meur* signifie grand.

Le mot *Lan* se trouve dans un très grand nombre de noms de lieux en basse Bretagne, *Lannion, Landerneau, Lanilis, Lantréguier*, etc.; dans les pays d'outre-Manche il est ordinairement mis à la suite des noms propres. *England, Irland, Island*, mais garde toujours la même signification.

de Plouezock, de Ploujean, de l'île de Batz et d'ailleurs arrivaient les croix et les bannières que portaient de grands gaillards aux larges épaules, à la chevelure flottante.

A l'entrée du cimetière (1), en signe de bon accueil et de fraternité, « le bon Dieu de *Yan ar Bis* » (Jean du Doigt) embrassait les nombreux arrivants, en choquant ses sonnettes d'argent contre les bras dorés des christs du voisinage.

Les gracieux petits bonnets tombants des Morlaisiennes se mêlaient aux coiffes relevées de Saint-Thegonnec et de Comana; les serre-tête de Cleder et de Saint-Pol aux grands hennins des envi-

Saint-Jean du Doigt.

rons de Lannion. Quelques montagnards de Carhaix ou de Châteauneuf, avec leurs petites braies serrées au-dessus du genou, coudoyaient des Roscovites à large ceinture, la tête ornée du fameux bonnet phrygien rabattu sur l'épaule. Dans la foule se distinguaient de nombreux matelots au chapeau ciré, la grande collerette bleue bordée de blanc, bien empesée sur la poitrine.

Tous, après « *s'être fait donner le doigt* », selon le mot du pays, allaient boire à la fontaine, tous cheminaient le long des murs de la petite église qu'entourait un triple cordon de cire, présent de quelque riche fermier des environs; puis s'arrêtaient pour écouter la chanson du pauvre *innocent* à la longue robe grise ou la *quérimonie* de la vieille femme aux deux potences; après, ils s'en allaient regarder les épinglettes à pompons rouges ou bleus suspendues au triangle de bois blanc que vendait un marchand en veste de toile,

---

(1) Les cimetières en Bretagne sont encore presque partout placés autour des chapelles, dont ils sont l'accompagnement nécessaire.

ÉGLISE ET FONTAINE DE SAINT-JEAN DU DOIGT.

Serre-tête du Léon.

puis passaient au milieu du peuple de bohémiens en guenille, qui grouillait le long du grand chemin et jetaient dans les sébiles de bois tenues par ces gens dignes du pinceau de Téniers ou du burin de Callot leur modeste aumône.

Eun draicq bénag d'eur paor Keas dal mar plich gan erch ye ta. Cristenyen.

« Chrétiens, s'il vous plaît, une toute petite chose à un pauvre aveugle chéri. »

La journée se passa au milieu de cette animation pleine de fantaisie. Quand arriva le soir, la grande procession s'organisa au fond du miraculeux sanctuaire, le coup d'œil en fut vraiment extraordinaire.

Les massives bannières brodées d'or, garnies de lourdes franges où se dissimulaient des clochettes de bronze, sortirent par la porte du fond. Elles étaient tenues droites devant la poitrine par des hommes aux bras vigoureux qu'accompagnait tout un cortège de camarades se disputant l'honneur de les faire flotter au vent de mer.

Après quelques instants d'impatiente attente, le défilé commença.

Derrière les drapeaux s'avançaient de petits navires posés en équilibre sur des brancards que soutenaient des pêcheurs aux mains calleuses; un petit mousse, à l'aide d'un ruban blanc, leur communiquait une oscillation pleine de pittoresque, et les canons des merveilleux vaisseaux pavoisés, chargés par les marins de l'escorte, lançaient à tribord, à bâbord, leurs bordées assourdissantes, à la grande joie de la foule. De nombreuses paysannes, les coiffes dépliées en signe de respect, suivaient en silence, les unes portant sur le bras des enfants, les autres les traînant accrochés à leur jupe.

Sous la petite arcade ogivale du cimetière, les grandes oriflammes de velours chamarrées de paillettes sans nombre s'inclinèrent jusqu'au sol, puis on les releva avec une souplesse de reins merveilleuse.

Sur le grand tertre vert, tout en haut du pays, une pyramide de fagots et d'ajoncs recouverts de branches de sapins avait été préparée.

Type de femme du Léon.

Au-dessus, flottait une incroyable quantité de petites bandelettes d'étoffes transparentes chargées d'ornements aux vives couleurs.

Quand le cortège eut atteint le monticule, tous se placèrent en cercle. Alors, du haut du clocher de plomb (1), un petit ange de bois peint, les ailes déployées, portant dans ses bras une pièce d'artifice, descendit le long d'un cordage tendu, il alluma le feu du premier coup, puis, par un mécanisme ingénieux, retourna d'où on l'avait fait partir.

A peine la flamme eut-elle gagné la lande que mille cris joyeux retentirent.

An tan tad, An tan tad.

Le père feu, le père feu (2).

La procession regagna rapidement l'église, et les danses commencèrent.

Le soleil, qui touchait déjà l'horizon, couvrait la cime des vagues de teintes éblouissantes. Partout, au signal de Saint-Jean, s'allumèrent des feux semblables sur la côte.

Les jeunes filles, en habits de fête, bondissaient jusqu'au milieu des flammes, puis s'échappaient après une première ronde pour aller un peu plus loin recommencer leurs ébats. Trois tours faits autour de neuf feux leur assuraient un époux avant la fin de l'année courante. Les appels retentissaient d'une colline à l'autre, les troupeaux mêmes prenaient part à la fête, piétinaient les tisons de leurs sabots grêles, poussés par des pâtres qui croyaient par ce rite observé les préserver longtemps de tout mal.

J'assistais de loin, pour en embrasser l'ensemble, à cette purification si peu romaine. Comme je revenais au bourg, près du fameux *Tan tad*, à peu près éteint, dont chacun emportait un brandon pour le garder précieusement au logis (3), je vis des vieillards qui disposaient des sièges en cercle autour du feu, et s'asseyaient un peu plus loin.

— Pourquoi? demandai-je à l'un d'eux.

— C'est la place des morts, me répondit-il, ils aiment, cette nuit, venir réchauffer leurs membres glacés aux feux qu'allument leurs descendants.

« Nos ancêtres, enfants de *Manu*, sont aussi venus s'asseoir

---

(1) Le clocher de Saint-Jean du Doigt, œuvre délicieuse de la fin du xvᵉ siècle, contrairement à l'habitude de tous les pays voisins, au lieu d'être construit en granit, est formé d'une charpente de bois, recouverte de lames de plomb, comme les flèches modernes de la Sainte-Chapelle et de Notre-Dame de Paris.

(2) Les feux de la Saint-Jean s'appellent dans le pays *tan tad*, ce qui veut dire littéralement *père-feu*, *tan*, feu, *tad*, père. Une dénomination aussi *aryenne* en pleine Basse-Bretagne contemporaine nous semble pouvoir se passer d'un commentaire scientifique inutile.

(3) Les tisons des feux de la Saint-Jean préservent, paraît-il, les maisons de l'incendie.

autour du foyer, murmurai-je à part moi, en me rappelant les chants du *Vâmadéva*. Que les *dévas* se réveillent à leur tour et qu'ils affermissent dans nos cœurs le culte du trône où brille la précieuse lumière. » (Essai sur le *Veda*, p. 174.)

La religion chrétienne a cela de sublime que, malgré ses transformations sacerdotales, elle reste le grand culte commun à tous.

« La théorie qui la constitua demeure et demeurera toujours, parce qu'elle est le résultat d'une vue spontanée très générale, très juste et très sincère des phénomènes de la nature et des lois du monde. » (Burnouf, p. 310, *Science des religions*).

Je n'avais pu, le jour du *Pardon*, à cause de la foule, visiter les fameux reliquaires, dons de la duchesse Anne et de sa fille Claude de France ; je me rendis le lendemain d'assez bonne heure à la sacristie de la chapelle, et le *custode* me fit avec une grâce charmante les honneurs de son magnifique trésor.

J'y vis la croix processionnelle avec statuettes en relief que l'on attribue à la munificence de la reine elle-même ; les calices ornés de dauphins symboliques qu'offrit sans doute l'illustre femme du roi François 1er ; puis le chef de saint Mériadec, le bras de saint Maudetz, et enfin le fameux doigt dans son étui de cristal monté en or, posé sous un petit temple d'une architecture très originale (1).

Comment ce doigt est-il arrivé là, c'est ce que je n'essayerai pas de vous raconter, me contentant, si vous le voulez bien, de vous renvoyer encore au frère Albert et de résumer en quelques lignes l'admirable récit qu'il a fait de ce voyage dans sa très merveilleuse chronique.

Lorsque l'incestueuse Hérodias eut fait décoller saint Jean, elle insulta son sacré chef de plusieurs coups d'aiguille et l'enterra dans un lieu secret de son palais. Les fidèles disciples du Précurseur enlevèrent le corps et le transportèrent en la ville de Sébaste, où ils l'inhumèrent entre les deux prophètes Abadias et Elisée.

L'empereur Julien, fatigué des miracles qui se faisaient continuellement sur cette tombe, un beau jour ordonna d'en retirer le cadavre

---

(1) Cambry a vu cette relique, il la traite avec toute l'indulgence d'un savant.

Mgr Aymar de Blois l'a depuis examinée en 1805 ; il dit d'elle que c'est évidemment la dernière phalange d'un doigt, que l'on y distingue l'ongle, que la chair paraît en être desséchée et de couleur noire semblable à de l'amadou brûlé. Elle lui a semblé pouvoir être le bout d'un index ou d'un médius. Sur le parchemin qui l'enveloppe il a cru reconnaître de l'écriture du xve siècle dont l'encre a beaucoup jauni. (Note de M. de Kerdanet dans l'histoire de la translation miraculeuse du doigt de saint Jean-Baptiste de Normandie en Bretagne. Albert Legraud, p. 445.)

PÈLERINS DE L'ILE DE BATZ.

mutilé, de le brûler en place publique et d'en jeter les cendres au vent. Mais une pluie extraordinaire évidemment envoyée tout exprès du ciel éteignit le bûcher et permit aux chrétiens présents de recueillir dévotement ce qui restait encore des ossements calcinés du compagnon de Jésus.

Ce fut en cette circonstance que l'on recueillit l'index du baptiste, ce doigt qui avait montré le Sauveur aux fidèles, en disant de lui : «*Ecce Agnus Dei; Ecce qui tollit peccata mundi :* Voici l'Agneau de Dieu; voici celui qui emporte les péchés du monde. »

Oratoire près de Plougaznou.

La relique fut confiée au patriarche de Jérusalem Philippe le Juste, qui la reçut en grande révérence.

Plus tard, une jeune vierge nommée Thècle, native de la province de Normandie, *quædam puella nomine Thecla, de Neustriæ partibus,* l'obtint en don, et la transporta dans son pays, où l'on édifia une église en l'honneur du grand martyr sous le titre de *Saint-Jean du Day*, manière de prononcer doigt habituelle aux gens des environs de Saint-Lô (1).

En quel temps cela arriva-t-il? quelle était cette Thècle? par quel moyen enrichit-elle son pays de cette phalange précieuse? c'est ce que personne n'a su, et l'histoire n'en parle pas.

Bien longtemps après, alors que les Anglais pillaient le pays de France et faisaient couronner leur roi dans la ville de Paris, capitale du royaume, un jeune Bas-Breton natif de la paroisse de Plou-

---

(1) Le père Lobineau prétend que Saint-Jean du Doigt en Plougaznou devrait s'écrire Saint-Jean du Douet. *Saint Yan ar Poul* de la fontaine, au lieu de *Saint-Yan au Bis*. La négation de la fameuse relique par un bénédictin nous semble peu révérencieuse, mais ceci est matière de bréviaire, comme dit le grand maître de la Renaissance, et nous n'avons rien à y voir.

gaznou se trouvait en service chez un seigneur des environs de ce sanctuaire de Saint-Jean du Day. Il était pour son saint patron d'une dévotion surnaturelle. Or un jour qu'il avait demandé son congé à son maître pour retourner en son pays, pendant qu'il priait à son accoutumée, en l'église de Saint-Jean, il sentit en son bras, à la

Calvaire sur la route de Saint-Jean du Doigt.

jointure de sa main droite, comme un coup qu'on lui aurait donné, et soudain il fut inondé d'une allégresse et d'une joie sans pareille.

Incontinent il se mit en chemin, mais dès la première journée, passant par une petite ville, les cloches de l'église commencèrent à sonner d'elles-mêmes les arbres, lorsqu'il passait, se courbaient et fléchissaient devant lui, au grand étonnement du peuple, lequel, le soupçonnant d'être sorcier, le fit arrêter et serrer en prison.

En cette affliction il se recommanda affectueusement à Dieu, et le lendemain matin à son réveil, il se trouva en son pays et paroisse, près d'une fontaine, laquelle s'appelle à présent *feunteun ar Bis*, c'est-à-dire la fontaine du Doigt. Il vit devant ses yeux la vallée du Traon-Meriadec, au septentrion, la mer britannique ou Manche d'Angleterre, et le château de Primel, même il remarqua son village et la maison de son père.

Alors il se leva tout joyeux et descendit le chemin du bourg ; les

Chapelle dans le cimetière de Plougaznou.

chênes et les ormeaux se courbaient devant lui, et fléchissaient leurs cimes ; les cloches se prirent à sonner d'elles-mêmes d'une façon si mélodieuse que le peuple des villages circonvoisins s'en émut et se rendit en l'église qui était alors dédiée à saint Mériadec de la race royale de Conan.

En la présence de tous, les cierges s'allumèrent d'eux-mêmes, et la sainte relique que sans son *sceu*, le paysan avait apportée entre peau et chair, en la jointure de sa main droite, sauta sur l'autel.

L'enfant pensa mourir de joie, demeurant un long espace sans pouvoir dire un mot. Quand il eut repris ses esprits, il se leva, manifesta a tout ce peuple ce qui lui était arrivé et assura que ce bijou apporté par lui contenait le doigt de saint Jean-Baptiste.

Le duc Jean, le prince François, le comte de Montfort, la princesse Yolande, le chevalier de Malestroit, évêque de Nantes, Jean Prigent, évêque de Léon, et grand nombre de noblesse, avertis par la rumeur publique, s'en vinrent au val de Traon-Mériadec.

Après interrogatoire, enquête et confirmation, le récit du jeune homme fut trouvé véridique, et de suite furent jetées les fondations de la chapelle de *Sant Yan ar Bis*, le premier août de l'an 1440, et le sanctuaire vénéré fut parachevé en 1513, par la libéralité de la reine Anne, et dédié à Dieu par le R. P. Antoine de Grigneaux, évêque de Tréguier (1).

Ce bienheureux doigt, qui avait jusque-là tant voyagé à travers le monde, n'a jamais voulu depuis quitter le coin de terre où on l'avait si bien accueilli. Aussi lorsqu'en 1489 les Anglais, séjournant en Bretagne par suite de guerre, s'emparèrent de lui et l'enlevèrent sournoisement, revint-il de lui-même en son oratoire, au grand ébahissement du clergé de Hampton, qui, sur l'avis de la richesse que possédait l'amiral de la flotte, était venu le quérir en procession avec croix et luminaire, et ne trouva en la cassette dérobée par les marins saxons que le vide le plus complet.

La duchesse Anne elle-même, de passage à Morlaix en l'an de grâce 1506, souffrant d'une défluxion à l'œil gauche, voulut se le faire apporter en son hôtel, mais le brancard sur lequel on posa le reliquaire se brisa dans le cimetière même de l'Église, et, toute reine qu'elle était, elle fut obligée de se faire porter en litière à Plougaznou, et d'honorer en place le saint débris, comme le témoigne du reste l'empreinte de son pied marquée dans la marche du calvaire de Lan Festour, le lieu où elle se fit descendre pour accomplir humblement son pieux pèlerinage.

Est-ce que toutes ces merveilles vous choquent? Nous, pas le moins du monde. Le Breton vit de poésie, a dit je ne sais quel auteur con-

---

(1) Une inscription placée dans le fond du portique confirme cette date, elle est ainsi conçue :

> *Le : jour : 10° de No*
> *vembre : la : M : V XIII*
> *fut l'eglie de ceas d.*
> *edie : p. Alhoie de Gr*
> *ignaulx evesqu*
> *e de Treguier.*

Sur une colonne de la nef on lit de même :

> *M. P. chevalier fit faire ;*

peut-être le nom du maître de l'œuvre, et sur une autre près du maître-autel

> *B. Treguier.*

temporain ; ajoutons que même, quelquefois, il en meurt. Il y a dans
ces choses un enseignement caché tellement profond qu'on se laisse
aller à en écouter le récit sans sourire, qu'on l'admire même dans
ses charmants détails, heureux d'oublier pour un instant le monde
sceptique au milieu duquel on est forcé de vivre par le temps présent.

(Armes de la ville de Lanmeur)

CHAPITRE II

LA VILLE DE MORLAIX

On peut se rendre de Saint-Jean à Morlaix par mer. Je vous engage à tenter l'aventure, c'est une des plus charmantes traversées que vous puissiez faire dans ce pays de Léon, si riche en sites d'une variété d'aspect réellement incroyable. Elle vous donne de plus l'avantage de passer auprès du château du Taureau, de sinistre mémoire, et d'apercevoir l'anse de Dourdu, le premier chantier de constructions navales établi au xv⁰ siècle en Basse-Bretagne.

Le Taureau est une forteresse élevée sur un rocher noir, à l'entrée de la rade; elle fut bâtie par les bourgeois de Morlaix, et à leurs frais, en 1542, quelques années après la

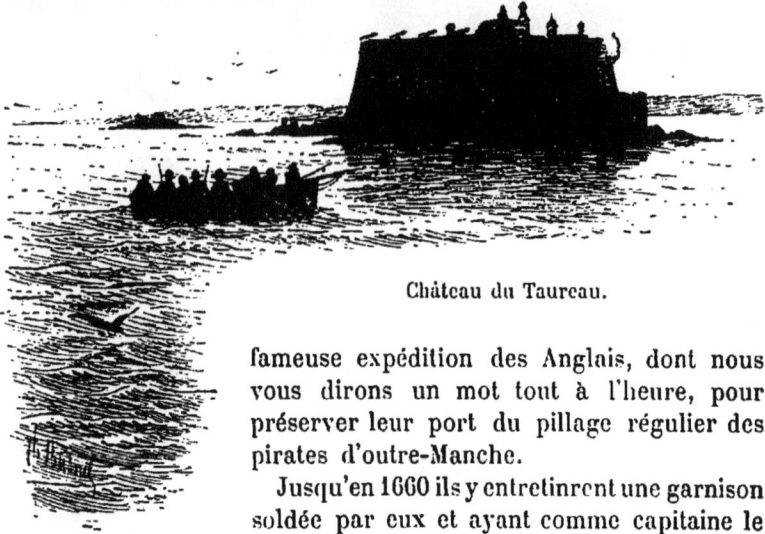

Château du Taureau.

fameuse expédition des Anglais, dont nous vous dirons un mot tout à l'heure, pour préserver leur port du pillage régulier des pirates d'outre-Manche.

Jusqu'en 1660 ils y entretinrent une garnison soldée par eux et ayant comme capitaine le procureur syndic ou maire quittant l'exercice de sa charge.

Louis XIV les dépouilla de ce glorieux privilège de défendre avec une milice bourgeoise une place forte frontière, et s'en empara tout simplement sans crier gare.

Le Taureau, au pouvoir du roi, devint aussitôt une prison d'État. On ne peut côtoyer ces murailles silencieuses, sans donner un souvenir à René Caradeuc de la Chalotais, procureur général au parlement de Bretagne, qui y fut enfermé avec son fils de par la haine de l'infâme « petit despote » qui s'appelait le duc d'Aiguillon.

Le Dourdu, en français l'*Eau noire*, est un petit golfe d'un caractère assez pittoresque. Vauban rêva longtemps d'y établir un port militaire; le citoyen Cornic essaya de reprendre les projets de Vauban, mais ne put y parvenir. C'est de cette grève que s'élança jadis cette fameuse frégate à laquelle la bonne duchesse avait donné le nom de son symbole chéri, *la Cordelière* (1). Hélas! ce glorieux navire, le premier

(1) Après la mort de son premier mari, Charles VIII de France, Anne de Bretagne entoura le losange de son écusson de veuve d'une cordelière à nœuds, imitant la ceinture des religieux de Saint-François, le patron de son glorieux père, et prit pour devise : *J'ai le corps délié*, ce qui était signification de son état. On en rit bien un peu, car des commentateurs médisants remarquèrent que la reine boitait légèrement de la jambe gauche et était un peu forte de la taille. Mais les sculpteurs et les peintres du temps la dédommagèrent de ces railleries en couvrant tous les murs de ses châteaux, tous les panneaux de ses verrières de la fameuse ceinture, gracieusement tortillée autour de ses hermines.

Ce symbole lui plut tellement qu'elle créa pour les demoiselles de sa cour, qu'elle faisait élever dans son palais et qu'elle appelait *ses filles*, un ordre de

vaisseau à deux batteries qui ait figuré dans nos escadres, devait avoir une bien terrible fin.

Le commandement en avait été confié au capitaine Hervé de Portzmoguer, un gentilhomme léonard de la paroisse de Plouarzel, que les Français ont appelé *Primauguet.*

Depuis quelque temps, — nous étions alors en l'an de grâce 1513 — une flotte anglaise, à la tête de laquelle se trouvait un amiral de haute lignée montant la *Régente,* croisait sur l'Iroise et dans la Manche, pillant çà et là selon les circonstances. Portzmoguer lui présenta la bataille juste en face la pointe de *Pen ar bed,* au cap Saint-Mathieu. L'amiral accepta le défi.

La *Cordelière* pimpante faisait feu de toutes ses batteries neuves, avec une vigueur sans pareille. Elle accrocha la *Régente,* mais par une manœuvre habile, celle-ci, après l'avoir incendiée sur quatre ou cinq points, s'esquiva et prit le large.

Portzmoguer se vit perdu sans ressource : alors, avec un indomptable courage, il prit une résolution qui ne pouvait naître que dans un cœur véritablement breton. Le vent le secondait, il poussa droit sur le navire anglais, s'y cramponna avec un acharnement sublime, l'incendia complètement à son tour, et attendit impassible sur son château de poupe.

Les deux navires sautèrent ensemble, avec tout leur équipage.

La flotte anglaise, épouvantée par cette férocité peu commune, prit

---

chevalerie féminine, appelé *la Cordelière.* Toutes se firent un honneur de paraître en public avec le collier de l'ordre posé sur leurs blanches épaules, et c'est depuis que les gentes pucelles d'Armorique cernent leurs blasons de ce fameux cordon si merveilleusement réhabilité par la duchesse.

Les deux autres ordres de chevalerie en usage dans la petite Bretagne furent fondés, l'un, *l'ordre de l'Hermine,* par Hoel, premier du nom ; le second, *l'ordre de l'Espy,* par le duc François surnommé le Bien-Aimé, en 1442.

L'ordre de l'Hermine avait comme insigne le grand manteau d'escarlatte blanche (*sic*) dite herminienne, doublé de rouge incarnat avec mantelet et chaperon de même, et pour collier un cordon de soie blanche et noire au bout duquel pendait une hermine d'or passante au naturel, accolée de la jarretière flottante de Bretagne avec la devise. *Kent Mervel. Potius mori quam fœdari,* « Plutôt la mort que l'infamie », cri de la petite bestelette blanche ou mustelle, qui préfère se laisser prendre que de passer par un lieu infect où elle salirait sa belle peau.

Jean IV, le vainqueur de Charles de Blois, renouvela les statuts de l'ordre et en modifia le collier vers l'année 1365.

Le symbole de *l'ordre de l'Espy* était un collier d'or en forme de couronne d'épis de blé joints les uns aux autres par des lacs d'amour ; au bout pendaient deux chaînes d'or avec une hermine posée sur un gazon ayant au-dessous d'elle la devise : *Em Buez. A ma vie.*

Les bénédictins ont fait graver ces ordres nombre de fois dans leurs œuvres relatives à la Bretagne, c'est pour cela que nous en donnons ici l'origine et l'explication.

la fuite et rejoignit ses ports ; la lutte contre de tels hommes lui paraissant désormais impossible.

Portzmoguer est devenu légendaire, et son nom est gravé en lettres ineffaçables dans le cœur de tous les marins d'Armorique (1).

Après avoir passé le Dourdu, on entre dans ce que l'on appelle la

rivière de Morlaix.

C'est la plus charmante partie de l'excursion. Lorsque monte

Morlaix. Vue générale.

la marée, le courant devient très rapide, alors les voiles s'abaissent, les rames se relèvent, et le bateau glissant sur l'onde sans secousse et sans effort, vous vous laissez bientôt aller malgré vous, au milieu du silence qui vous environne, à la plus délicieuse des rêveries.

Le paysage est si limpide, passez-moi le mot !

(1) L'épitaphe de Portzmoguer, composée par Germain de Brie, poète célèbre du xvi⁰ siècle, était ainsi conçue :

Hervei Cœnotaphium.

Magnanimi manes, Hervei nomenque verendum
    Hic lapis observat, non tamen ossa tegit.
Ausus enim Anglorum numerosæ occurrere classis
    Quæ patriam infestans, jam prope littus erat.
Chordigera invectus regali puppæ, Britannis
    Marte prius sœvo cumminus edomitis
Arsit Chordigera in flamma extremaque cadentem
    Servavit moriens exidio patriam.
Prisca duos ætas Decios miratur, at unum
    Quem conferre queat nostra duobus habet.

« Cette pierre consacre sans en protéger les ossements les mânes et le nom vénérable du magnanime *Hervé* ; il osa en effet courir sur la flotte nombreuse des Anglais qui infestaient la patrie, et se trouvaient déjà près de ses rivages. Son navire triompha bord à bord avec un formidable courage du vaisseau royal anglais. Le feu y prit, mais la *Cordelière* enflammée tomba la dernière et lui par sa mort sauva la patrie d'un désastre. L'antiquité admire les deux Decius, notre âge peut dans un seul confondre la mémoire de ces deux héros. »

Point de coteaux heurtés, points de rocs abrupts ou de lignes subitement brisées, partout des courbes harmonieuses dissimulant leurs contours à peine
indiqués dans les sinuosités du petit
fleuve.

Ici des prairies d'une
verdure humide,
bordées

Les lances de Tréguier, à Morlaix.

de légers saules, ou d'arbustes d'un
vert tendre; là-bas de grands bois
de hêtres, au majestueux feuillage,
qui abritent des châteaux silencieux
dont les parcs pleins d'ombre des-
cendent en pente douce jusqu'au che-
min de la rive. Partout de la fraîcheur et le calme le plus complet.

Lorsque s'entendent, le soir, les sons prolongés de l'Angélus, ou
du glas funèbre, annonce des services du lendemain, jetés dans l'air
par les nombreux clochers des environs, lorsque passent en pous-
sant leur cri strident l'hirondelle de mer ou le martin-pêcheur,
bercé par le flot qui vous entraîne, vous sentez au cœur je ne sais
quoi d'intraduisible, qui vous fait deviner, qui vous fait sentir aussitôt pourquoi ce peuple est resté mélancolique et poète à ses heures.
La nature d'un pays vous donne presque toujours, quand on sait la
voir, la note vraie du caractère de ses habitants.

Peu à peu la vallée se rétrécit, et bientôt on arrive à *l'endroit où
s'arrête la mer Mor-laé.*

> Tres inter montes jacet urbs in valle ; fluenta
> Cina rigant, pelagi conciliata sinu.

« La ville repose entre ses trois montagnes avec ses deux rivières
qui, réunies, s'écoulent ensemble vers le golfe et la grande mer »,
comme disait l'inscription de l'arc de triomphe du duc de Vendôme,
élevé pour sa réception solennelle en 1624, avec nymphes, naïades,
sirènes, dieux et déesses à l'antique (1).

Les savants d'autrefois ont voulu retrouver dans Morlaix une
certaine cité romaine du nom de *Julia* fondée par un apôtre appelé
Drennalus, disciple de Joseph d'Arimathie. *Julia*, hélas ! n'est pas un
nom propre, ce n'est qu'une épithète césarienne vulgairement em-
ployée dans les Gaules pour la construction des noms de lieux,
comme le témoignent les qualifications de Valence qui s'appelait
Julia Valencia, d'Apt qui se nommait *Apta Julia*, de Carpentras enfin
qui était connu sous le titre de *Carpentoracte Julia.* Morlaix *Julia*,
malgré la haute protection du noble décurion ensevelisseur du
Christ, n'a pas fait fortune.

Alors ils se sont rejetés sur *Staliocanum Portus*, citant comme autorité le géographe Ptolémée, la carte de Peutinger et la *Vie de sainte
Ursule* avec ses onze mille vierges. Malheureusement il se trouve
auprès du Conquet un certain *Porz Liocan* que nous allons retrouver
tout à l'heure, qui, par l'évidence même de son nom, a dépossédé
le Morlaix des archéologues de son titre si sonore.

Comme il leur fallait du latin quand même, ils ont inventé le
Mons Relaxus qui voudrait dire montagne relâchée ou desserrée, ce
qui ne signifie pas grand'chose, et ne peut que satisfaire à peine des

---

(1) C'est du *Queffleut* et du *Jarlot*, deux ruisseaux assez forts venant des montagnes d'Arrée qu'est formée la *Dossen*, connue communément sous le nom de
rivière de Morlaix.

admirateurs attardés du latin culinaire de Navarre ou de Montaigu.

Les savants modernes, à leur tour, veulent placer à Morlaix le *Vorganium* des inscriptions. Après avoir démontré jusqu'à l'évidence que ce *Vorganium* était d'abord à Guingamp, puis à Tréguier, puis à Yesmes en Normandie, ils ont prouvé, d'une manière irréfutable, que Cos-Gueodet, Saint-Pol-de-Léon, et Carhaix avaient évidemment remplacé l'ancienne cité gallo-romaine. Maintenant, ils pré-

Morlaix. — Vieilles maisons.

tendent que Carhaix, Saint-Pol, Guingamp, Yesmes et le reste n'étaient que de simples bourgades sans nom et que Morlaix seul est le vrai *Vorganium.* « Maritimum Armoricæ oppidum, quod nunc Morlais, Ptolemæo et priscis Gallis Vorganium, sive *Morganium* dici observavi, et unde quæso, nisi a mari? et hæc etiam nostra Morganuc tota est maritima. » (Camden, cité par M. de Kerdanet, 634. *Vie des Saints.*)

Sans plus nous attarder à ces distinctions subtiles, sans soulever même la question de *Mor treleg,* traduction de *Mon trou lez,* qui signifie, paraît-il, — je ne sais absolument comment ni pourquoi, — *Mer resserrée,* sans parler de *Hanter al lenn,* autre dénomination qu'on a dénichée je ne sais où, qui veut dire « moitié du golfe » et ne peut s'appliquer qu'à la rade du Taureau, contentons-nous, si vous le voulez bien, pour finir, de l'étymologie des Bas-Bretons du pays, et appelons Morlaix l'endroit où s'arrête la marée. (*Mor,* mer et *lâe,* le haut, hauteur, élévation. Voir Dom Le Pelletier p. 506.)

Ceci a l'avantage, comme dit Le Grand d'Aussy, de présenter un sens précis et de se rapprocher par conséquent plutôt de la vérité que tous les barbarismes romains, car ce mot n'est formé que de radicaux incontestablement tirés de la langue d'une race qui jadis

peupla la contrée et s'y est conservée jusqu'ici libre de toute invasion étrangère.

Nous n'avons que faire de tous les *us* et de tous les *um* des phar-
maciens de l'Institut, comme disait Violet-le-Duc, pour voir clair
dans nos noms de lieux restés celtiques quand même.

Morlaix, entre ses deux collines escarpées, avec ses maisons à
pignons étroits, à solives saillantes, avec ses jardins superposés que
l'on nomme *combots*, entremêlant leurs verdures sombres aux toitures élevées de la ville, est une cité d'une allure si particulière,
qu'on peut dire, sans crainte d'être démenti, qu'en France elle n'a
pas sa pareille. Le grand viaduc de pierre grise qui la traverse, au
lieu de lui enlever son cachet, n'a fait que lui donner un aspect plus
original encore peut-être que par le passé.

Lorsque, emporté par le dragon rouge de Merlin, on passe sur
cette route aérienne, le coup d'œil que l'on aperçoit est d'une
étrangeté merveilleuse : hauts frontons, tourelles en poivrières,
clochers aigus, contreforts découpés, pavillons jetés çà et là sur les
terrasses ; tout en bas, petits navires accrochés aux quais mouve-
mentés, petites places où se promènent des êtres minuscules, et,
dans le lointain, d'une part les bords sinueux de la rivière, de
l'autre les profondes vallées garnies de chênes, tout est fait pour
le plaisir des yeux et l'étonnement de l'esprit.

Un Parisien du boulevard Montmartre, qui se réveille subitement
transporté de Lutèce en Finistère, en arrivant à Morlaix demeure
comme ébloui à la vue de cet étrange paysage aperçu comme dans
un rêve. Morlaix reste pour lui la ville la plus fantastique de la
Bretagne. D'en bas, c'est tout simplement un petit coin charmant,
peuplé de femmes spirituelles et jolies, déjà appréciées par Cambry,
« un petit paradis », selon le mot d'Alain Bouchard, d'où l'on s'é-
loigne toujours avec regret, où l'on revient toujours avec bonheur.

Nous ne nous arrêterons pas à vous faire l'histoire de cette noble
cité. Toutes les modernes publications bretonnes, se copiant les
unes sur les autres, ont raconté les sièges successifs que subit le
château de Morlaix, depuis le duc Geoffroi jusqu'à Henri II d'Angleterre ; la part que prit la ville à la guerre de succession et le
châtiment que Jean IV en tira en pendant haut et court cinquante
notables qu'il s'était fait livrer comme otages ; le voyage de la
duchesse Anne et l'histoire de la petite hermine qui se glissa sous
sa guimpe : « Ne craignez rien, Madame, ce sont vos armes », et
l'arbre de Jessé avec la généalogie complète de la reine, depuis
Conan jusqu'à François, du haut duquel la harangua une belle jeune
fille du peuple, au couvent des Jacobins ; le passage de Marie

Stuart enfin, dont l'escorte effrayée par la chute d'un pont-levis cria tout à coup : « Trahison! trahison ! » parole malséante à la-

Morlaix. — Rue des Nobles.

quelle un Rohan répondit : « Jamais Breton n'a fait trahison. »
Ce sont choses cent fois redites et sur lesquelles il nous semble inutile de revenir.

Mais comme nous avons déjà fait l'éloge des Morlaisiennes, ce qu'on nous reprochera sans doute aigrement, nous tenons ici à leur rendre encore un public hommage en rappelant le courageux exploit de la chambrière de la Grand'Rue, sous le règne de François d'Angoulème, le glorieux époux de Claude de France.

Morlaix. — Grande rue.

L'histoire du peuple est toujours plus intéressante que l'histoire des rois, et les prouesses de cette modeste *artisanne* méritent mieux d'être ici relatées que les fadaises des courtisans inclinant leurs toquets à plumes blanches devant toutes les jupes souveraines de la chrétienté !

Or, c'était le soir du 4 juillet 1522, soixante voiles anglaises remontèrent la rivière. Un traitre, le lieutenant Latricle, gouverneur au château, avait averti les Saxons que la ville était vide de défenseurs, les gentilshommes étant partis pour Guingamp, où se tenait une *monstre* ou revue de noblesse, les bourgeois et patrons ayant gagné Noyal où avait lieu la foire de la saison.

Les voleurs de la grande île pouvaient entrer sans crainte, ils avaient leurs coudées franches, rien que des femmes, des vieillards et des enfants.

Ils pénétrèrent déguisés par le quai de Tréguier; leurs bateaux, arrêtés par une barricade improvisée par des paysans, ne purent dépasser le couvent des Franciscains.

Comme de vrais brigands qu'ils étaient, ils attendirent la nuit pour mieux faire leur coup. Lorsque sonna la douzième heure, les marins ayant rejoint leurs officiers, tous tombèrent dans les rues étroites, enfoncèrent les portes et commencèrent la tuerie. Les citadins réveillés en sursaut prirent une si chaude alarme, qu'ils s'enfuirent par toutes les issues sans songer à se mettre en défense.

Ce fut alors que l'héroïne de Montrou-lez, rassemblant avec elle quelques femmes, souleva la trappe de la cave de son maitre, ouvrit la vanne qui communiquait à la rivière et remplit d'eau le sous-sol. Laissant ensuite entrebâillée la porte de la Grand'Rue, elle s'accroupit sur l'escalier et attendit le résultat de son stratagème.

Quatre-vingts soldats d'Angleterre furent pris au piège et dégringolèrent les

Morlaix. — Baptistère de l'église Saint-Melaine.

uns sur les autres dans le trou noir, où ils se noyèrent.

Hélas! la maison fut forcée quand même et la généreuse chambrière paya de sa vie son admirable dévouement. Poursuivie de chambre en chambre, elle fut saisie par les *Godons* ivres de fureur, et précipitée par eux du haut du grenier sur le pavé de la rue.

Certes, on élève de nos jours des statues à un tas de ministres, de gratte-papiers, de croque-notes et d'administrateurs décorés dont nos neveux se riront un jour; pourquoi ne dresserait-on pas en pied sur la place de Morlaix l'image de cette Jeanne Hachette oubliée? J'avoue que j'y applaudirais des deux mains; le costume est assez pittoresque pour inspirer un artiste, et l'hommage rendu à cette patronne des *butunerez* du quai de Léon (1) n'aurait rien de déplacé dans cette ville bien plus démocratique qu'on ne le croit généralement.

Quant à la fin de l'histoire des pirates, elle est trop édifiante pour ne pas la narrer jusqu'au bout. Le seigneur de Laval qui tenait la *monstre* de Guingamp, averti par les fuyards, s'en vint à Morlaix ventre à terre. Les bandits, gorgés de victuailles et de vin, n'avaient pu se rembarquer : il les mit en pièces sans grande peine, et la fontaine près de laquelle ils s'étaient réfugiés a depuis gardé le nom de *Feunteun ar Saozon*, la fontaine des Anglais, parce qu'en ce jour ses eaux furent entièrement rougies du sang de ces traitres maudits.

Le fait eut encore une autre conséquence. La communauté de ville ajouta pour support à ses armes symboliques qui étaient d'azur à un navire équipé d'or aux voiles éployées d'hermines, un lion, comme emblème du calme et de la vigilance, faisant face à un léopard à deux têtes représentant l'Angleterre avec la devise : *S'ils te mordent, mors-les*, en analogie avec celle de Saint-Pol, un peu plus modeste : *Non offendo, sed defendo :* « Je n'attaque pas, mais je me défends », et celle plus caractéristique de Roscoff : *Ro Sco.* « Si tu frappes, je t'assomme. »

En fait de monuments, Morlaix n'a rien produit d'artistique depuis la fin du xve siècle ou le commencement du xvie.

La ligue, au contraire, avec le duc de Mercœur pour les Guises et le maréchal d'Aumont pour le roi, faillit ne pas laisser pierre sur pierre dans ce petit val, qui ne demandait qu'à vivre en paix loin des querelles de parti qui désolaient alors le royaume de France.

Il y eut en Bretagne, après la mort de Jean IV (1399) et la fin de la guerre de Cent Ans, une transformation de l'art architectural et décoratif, employons le mot puisqu'il est désormais admis, qui eut

---

(1) De *butun*, tabac. C'est le nom que l'on donne aux ouvrières employées dans la manufacture de tabac qui se trouve située dans cette partie de la ville.

sur la France proprement dite une influence incalculable.

Dans les écoles du centre, l'apparition de l'ogive et de l'art ogival au XIIIᵉ siècle fut le signal d'une révolution *naturaliste* dans l'art, que des écrivains modernes ont osé appeler la grande renaissance française du XIIIᵉ siècle.

Le Bretagne, en architecture, d'après les savantes remarques des érudits de « l'Association bretonne », est toujours d'un siècle en retard sur le reste du pays. En plein XIIIᵉ siècle elle bâtissait donc encore des églises romanes ; au XIVᵉ elle allait se lancer dans le gothique quand survint la terrible guerre des Blois et des Montfort qui ne se termina qu'à la mort du vainqueur d'Auray.

Alors, reprenant ses esprits, la grande province initiée aux immenses progrès des maîtres de l'Ile-de-France se mit à son tour dans le mouvement avec

Morlaix. — Porche de Saint-Melaine.

une ardeur d'autant plus grande qu'elle avait été comprimée jusque-là. De là vint cette réaction si grandiose dont nous parlons ici.

La duchesse, par son mariage avec Charles VIII et Louis XII, transporta à son tour à la cour de Blois ces nouveautés bretonnes. Avant tous les Italiens, les artistes armoricains, pleins des traditions réalistes du XIIIᵉ siècle français, donnèrent donc à la Renaissance du XVIᵉ un élan qu'on n'a pas encore étudié à fond et qui fit des Cousin, des Goujon, des Lescot, des Delorme et des Palissy, par les Colomb et les sculpteurs de Bourgogne et de Bresse, des continuateurs directs des maîtres de Reims, de Chartres, d'Amiens et de Paris bien plutôt que des imitateurs des Benvenuto, des Primatice et des Rosso de l'école de Fontainebleau.

Nous ne pouvons traiter ici cette question, cela nous entraînerait beaucoup trop loin.

Contentons-nous de constater que le gothique flamboyant du pays d'Armor fut d'une splendeur et d'une originalité hors de tout conteste et produisit là-bas de véritables chefs-d'œuvre.

Citons-en quelques-uns au courant de la plume : la cathédrale de Quimper; l'église de Kernascleden; le Jubé de Saint-Fiacre au Faouet; celui de Kerfons près de Lannion; Bon-Secours de Guingamp; Notre-Dame de Grâces; le cloître de Tréguier, etc., et, pour ne parler que de notre Léon, le clocher de Kreisrker, le jubé de Lambader et l'église du Folgoat.

Morlaix avait pris les devants en construisant l'admirable clocher de Notre-Dame-du-Mur, si malheureusement détruit par un accident en 1806 (1).

Il continua par Saint-Melaine, Saint-Mathieu, les Carmélites et le fameux couvent des Jacobins, où descendaient les souverains bretons quand ils voyageaient dans cette partie de leur province.

Morlaix. — Statue de Notre-Dame-du-Mur.

Saint-Melaine, ancien prieuré de saint Melaine de Rennes, aujourd'hui paroisse, est cette petite église que l'on aperçoit du haut du viaduc; fondée par Guyomarch de Léon, en 1150, elle fut rebâtie en 1482.

C'est là que se trouve le charmant petit portail avec bénitier de pierre et panneaux sculptés dont nous donnons ici le dessin.

C'est là aussi que s'élèvent les fonts baptismaux en bois finement découpés qui figurent à la page 35.

De nombreuses inscriptions décorent les murs de cette église. M. le chevalier de Freminville les a lues de la manière suivante :

Sur le portail :

L'an mil quatre cent quatre-vingt-deux
Le VII jour de Mars, fust cette église fondée.

Sur les battants en bois de la porte :

A faict cet huis V. Laisnez Coespiez.
Priez Dieu pour lui.

(1) La statue que nous donnons ici, conservée pendant la Révolution, est celle de l'antique sanctuaire. Elle est maintenant placée dans une petite chapelle élevée récemment près de l'église Saint-Mathieu.

Enfin sur le perron :

> *Bonnes gens qui par ici passez*
> *Priez Dieu pour les trépassés.*

Saint-Mathieu n'a conservé d'ancien qu'une grosse tour carrée chargée de niches, de consoles, de mascarons d'un goût douteux. Une inscription donne comme date de sa construction l'année 1548. Une banderolle, sculptée au mur, contient encore cette sentence :

> *Mors tua Mors X*[u] *fragilitas mundi*
> *Gloria cœli, dolor inferni sint memoranda tibi.*

« Que ta mort, la mort du Christ, le néant du monde, la gloire du ciel, la douleur de l'enfer, soient gravés dans ta mémoire. »

Auprès de l'entrée principale du portail se lit de même en caractères gothiques :

> *Propria qui servit juste petit æqua labori*
> *Et simul e propriis mutuat et repetit.*

« Celui qui manœuvre son propre fonds en exige justement des fruits égaux à son travail, il prête et reçoit à la fois ce qui lui appartient en propre. »

Enfin sur la tombe d'Hervé de Kerret et d'Aliette de Guicaznou, sa compagne, en 1503, sur un banc de 1778, dit Cambry, on voyait jadis cette fière dévise :

> *Quenta tud a oé er bed*
> *A oé Guicaznou ha Kerret.*

« Les premiers habitants de la terre furent les Guicaznou et les Kerret. »

A comparer avec celle des Kergournadec :

> *Araoc ma voa aotrou e nebleach.*
> *E zoa eur Marc'hec é Kergournadech.*

« Avant qu'il y eust un monsieur, en aucune maison, il y avait un chevalier en Kergournadec. »

Ou avec le cri des Kermavan, devenus les Carman :

> *Dieu avant Kermavan.*
> *Antequam Abraham fuisset ego sum.*

« Avant qu'Abraham vécût, moi j'étais. »

Les Carmélites occupèrent en 1624 la chapelle de Notre-Dame-
de-la-Fontaine, au haut de la rue Sainte-Marthe. De cet oratoire il
ne reste que la jolie rosace dont nous donnons le croquis, avec son
petit bassin et sa statuette miraculeuse.

Nous ne parlerons pas de Saint-Martin-des-Champs fondé par
Hervé de Léon en 1128 ; l'église a été rebâtie en 1773 dans ce style
bâtard qu'on est convenu d'appeler le style dorique. C'est tellement
plat qu'il vaut mieux n'en rien dire.

Fontaine des Carmélites dans la rue Sainte-Marthe, à Morlaix.

Des Jacobins, bâtis en 1238 par un maître architecte de Lanmeur,
fondés par le duc Pierre de Dreux et Alix sa femme, dotés au xve
siècle d'un chœur et d'une maîtresse vitre par Alain le Mignot et
Amon, son épouse, enrichis d'une chapelle dédiée à Notre-Dame
par Yves Faramus, des Jacobins, il ne reste qu'une caserne et une
écurie, avec le souvenir de l'épitaphe de la fondatrice, conservée
par le P. Albert.

> *Ecce sub hoc saxo fratrum de monte Relaxo*
> *Est sita fundatrix Juliana Dei veneratrix.*
> *Hujus erat virtus qua pollet fœmina raro :*
> *Mens sincera, manus larga, pudica caro.*

« Sous cette pierre repose Julienne, révérente envers Dieu, fondatrice des frères de Morlaix, dont la vertu était celle que la femme
possède rarement : un esprit sincère, une main généreuse et un corps
pudique. »

Mais ce n'est pas dans les édifices religieux qu'il faut chercher le
caractère vrai de cette renaissance bretonne, dont nous avons dit
un mot tout à l'heure.

Morlaix était une *commune* dans la plus fière acception du mot.

Venelle au Pâté, à Morlaix.

Rappelez-vous le Taureau et sa garnison citoyenne. C'est surtout dans
les intérieurs des *bourgeois* du lieu qu'on rencontre
les chefs-d'œuvre de la sculpture contemporaine, de
ces vaillants défenseurs des libertés armoricaines. C'est là seulement qu'apparaît rayonnant dans toute sa splendeur l'*art national*
de notre chère patrie à la fin du xv° siècle.

Gravissez, dans la Grand'Rue, l'escalier d'une de ces *maisons à lan-
ternes*, spéciales à la cité morlaisienne, avec vaste cheminée dans le
grand vestibule, *ponts d'allées* à tous les étages, Piliers couverts
des statuettes des patrons de la famille, grandes salles à poutres

saillantes avec encorbellements sculptés, moines grotesques s'abreu-
vant à des outres, le nez épaté, les lèvres épaisses et la langue pendante.

Étudiez avec le soin qu'elles méritent ces petites portes, garnies
de délicates serviettes pliées et repliées à l'infini, ces panneaux

Morlaix. — La venelle au Son.

fouillés, tailladés, découpés à jour, ces colonnettes garnies de
feuillages déchiquetés à plaisir, ces niches, ces clochetons aigus,
couverts de fleurons délicats.

Errez du haut en bas, les mansardes sont aussi curieuses que les
boutiques d'étal.

Puis méditez un peu sur toutes ces choses, remontez le cours des
âges ; à Morlaix l'illusion est facile, tout est encore presque intact,

alors vous aurez la vision d'un peuple franc, libre, artiste jusqu'au bout des ongles, qui, le soir, après le pénible labeur de la journée, venait se gaudir, au foyer commun de la maisonnée, narrer de bons contes, écouter le récit des voyageurs aux pays lointains d'outre-mer, et chanter les refrains gaulois de la patrie retrouvée.

Si Morlaix avait bâti un hôtel de ville au xv\ siècle, il eût fait une merveille, comparable à nos *maisons d'amitié* du nord de la France,

Escalier avec ponts d'allées, à Morlaix.

aux palais de Bruxelles et de Louvain, aux beffrois d'Évreux, de Béthune et de Saint-Quentin.

Malheureusement, ce fut un ingénieur du roi nommé Le Bricquir, au xviie siècle, qui la dota de son premier *parloir*, où il plaça des Sully, des Henri IV et des Gabrielle largement décolletées, au grand ébahissement de la communauté de ville (1).

Louis-Philippe, en 1838, a remplacé la chose par une mairie en style municipal du temps. Vous voyez d'ici ce que cela peut être.

---

(1) Ces bustes, vendus lors de la démolition de l'hôtel de ville, sont aujourd'hui, dit-on, conservés au château de Keranroux.

Malgré tout, Morlaix reste encore l'antique boulevard de l'indépendance dans ce pays de Léon qui ne fut jamais serf de personne, et quand on se souvient que Souvestre, le grand penseur du *Philosophe sous les toits*, et Moreau, l'infortuné rival de Bonaparte, sont nés dans ses murs, on ne désespère pas de son avenir.

Écusson, support couronne murale et devise de la cité de Morlaix.

CHAPITRE III

LES OSSUAIRES

SAINT-THEGONNEC, GUIMILIAU, LAMPAUL,
LANDIVISIAU, LA ROCHE, PENCRAN, ETC.

APRÈS avoir traversé la tranchée si curieuse au point de vue géologique à l'entrée de laquelle s'élève la station de Morlaix, le voyageur qui se dirige vers Brest et Landerneau pénètre tout à coup dans une contrée d'une richesse de végétation surprenante.

D'immenses prairies à herbe grasse, émaillées de marguerites

blanches, s'étendent dans le fond de la vallée ; à travers leurs
claires verdures, serpente gracieusement un petit ruisseau, bordé
çà et là, dans ses courbes harmonieuses, de massifs d'arbustes au
délicat feuillage. Sur le penchant des coteaux voisins, de grands
champs, encadrés par des buissons d'aubépines, dissimulent leurs
récoltes naissantes, espoir des laboureurs. Par contre, sur le pla-
teau du premier plan, poussent des landes sauvages couvertes
d'ajoncs parsemés de fleurs d'or, dont la coloration fauve fait res-
sortir les teintes pâles des vallons, où se profilent sur les gazons
diaprés les ombres portées des fossés et des haies vives.

Au fond se découpent les silhouettes bizarres des frênes, des
ormeaux et des vieux chênes régulièrement émondés tous les ans ;
elles entourent le verger d'une ferme dont le modeste toit de
chaume, couvert de mousses vertes, se distingue à peine au milieu
des branches.

Quelques petites églises surmontées de clochers à jour, comme
on n'en trouve que là, animent ce paysage plein de mystère, et tout
à fait à l'horizon, se dressent les pitons rocheux des derniers contreforts de l'Arrée baignés dans une teinte bleuâtre qui se confond
presque avec l'azur d'un ciel sans nuages. L'air est embaumé, l'œil
est ravi, et le cœur comme inondé d'une volupté douce et calme.

Qu'il doit être bon de vivre au milieu de ces sites enchanteurs !

Cambry, qui avait beaucoup voyagé, prétend qu'on ne voit point
dans le reste du monde de paysages aussi riants, de jardins aussi
merveilleux. C'est l'île fortunée de Lorenzo Costa, où la belle marquise de Mantoue venait écouter les Muses que conduisait le divin
Apollon. C'est le Parnasse de Mantegna où dansaient autour des
sources sacrées les nymphes aimées de la blonde Vénus.

Ce sont les grands prés élyséens garnis d'asphodèle des poèmes
antiques, où les chantres de l'*Iliade* et de l'*Énéide* virent errer les
âmes des aïeux.

Le paysan breton se fait du paradis futur une idée tout à fait
particulière à lui, et malgré les périodes ronflantes et les descriptions saugrenues de tous les missionnaires qui ont cherché à le
convertir aux visions célestes si fort à la mode aujourd'hui, dans le
fond de son cœur il a gardé sa conception simple et grandiose,
cause immédiate des monuments funéraires que nous allons étudier
dans cette région qu'on pourrait appeler *le Pays des ossuaires*.

La tradition, si bien conservée par ces Aryens d'un autre âge, est
du reste commune aux diverses branches de la grande race dont ils
sont un des types les plus purs.

Où s'en vont les âmes, après avoir quitté ce triste lieu d'exil ?

Dans des jardins toujours en fleurs, dans l'*île d'Avalon* des Celtes, dans la terre sainte vers laquelle vogue, étendu sur la mer d'azur, *Visnu* vainqueur de toutes les obscurités, de tous les nuages, possesseur éternel de la clarté divine.

Tous les contes du Léonais, toutes les ballades de Tréguier, tous les *guerziou* de Cornouailles ou de Vannes, sont pleins des descriptions charmantes de ces fameux jardins.

Pierre Marie, le loyal serviteur, se charge-t-il d'aller porter une lettre en l'autre monde? Que voit-il après avoir traversé la mer sur un cheveu que lui a donné l'Ermite du cap de la Chaise (1)? Une île remplie de verdure, de fleurs et d'arbres chargés de fruits, à l'ombre desquels se promènent son grand patron, sa belle marraine, les apôtres, tous

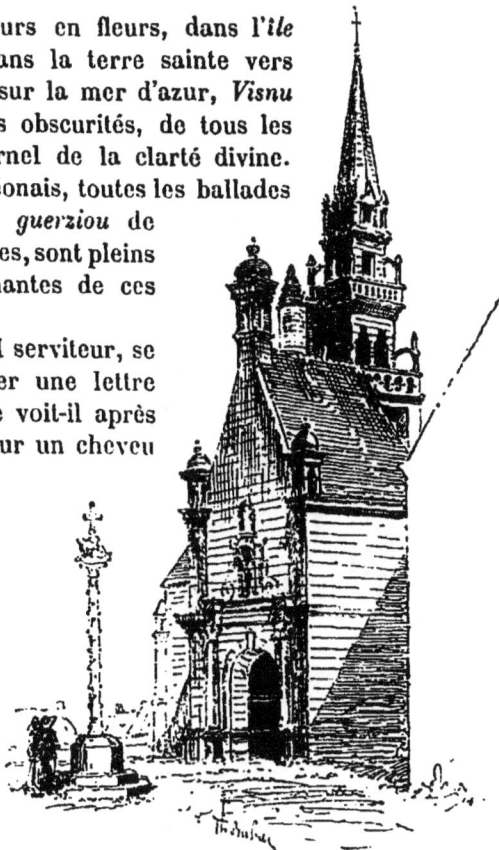

Portail et clocher de Guiclan.

(1) Cette tradition si orientale du cheveu, chemin du paradis, se retrouve même dans le pays Gallot, comme le témoigne ce fragment de ballade, recueilli par nous près de Moncontour :

> Par un saint vendredi béni,
> Jésus-Christ descendit,
>   Qui leur dit :
> Pécheurs et pécheresses,
> Il est une petite planche dans le paradis
> Qui n'est ni grosse ni grêle,
> Pas plus qu'un cheveu de tête.
>   Une oraison,
> Ceux qui la diront
> Par la planche passeront.
> Ceux qui ne la diront pas
> Au bout de la planche demeureront,
> Crieront, brairont,
> Grande douleur demeneront.
>
> Tornez, ô fleurs d'avril,
> Ouvrez les portes du paradis.

les saints, et ceux de son village qui sont morts depuis de longs jours (1).

Genovefa, la fiancée de la mort, part-elle en croupe sur le coursier blanc de son époux qui doit la mener au pays des âmes? Qu'aperçoit-elle en route? Des jardins, des avenues, des prairies où paissent des troupeaux de bœufs, des landes semées de grandes pierres droites. Que trouve-t-elle au château de son mari? Des bosquets

Clocher de Bodilis.

pleins d'oiseaux, aux blanches ailes, dont le chant est si doux, qu'elle se laisse aller à les écouter pendant des mois, croyant n'avoir passé que quelques heures sous la futaie qui les abrite (2).

Les nuages peuplés de personnages revêtus de grandes robes flottantes, l'esprit celtique les a répudiés de tout temps! Écoutez le conte du savetier de Keranpont.

Iannik est parti la bourse vide, monté sur un cheval maigre. En route, le cou de sa misérable monture, chargé de deux lièvres pris à la ligne, se détache : il le raccommode avec une ronce arrachée au

_____

(1) *La Lettre en paradis*, conte raconté à Lannion par *Radic*, une pauvresse dont nous ignorons le nom de famille.

(2) *La Fiancée de la mort*, conte recueilli toujours à Lannion, raconté par Jeanne Yvonne, la buandière de Kervenno.

fossé de la route. Soudain cette ronce pousse si haut, si haut, qu'elle doit atteindre le ciel. Le savetier, tout perplexe, voulant voir la fin de la chose, y grimpe et pénètre en plein paradis. La vierge, qui ce jour-là lavait les draps, les nappes, les serviettes des saintes, et les faisait sécher en plein air, l'arrête et cause avec lui. Muni de la permission de la maîtresse du lieu, il va, il vient, il erre, tourne et

Arc triomphal du cimetière de Lampaul.

retourne, mais bientôt s'ennuie tant, qu'il regagne son trou, improvise une corde fantastique et se laisse choir plutôt que de demeurer davantage au milieu de vapeurs aussi malsaines (1).

Quant à l'enfer, je ne sais où les vrais Bretons le placent, mais leur amour des trépassés est si grand qu'ils n'ont pu se résoudre encore à croire à l'éternelle durée de ses peines.

La petite mineure du bas de la lande, *ar vinorezic a draon al lann*, a perdu sa pauvre vieille mère. Tous les soirs elle va prier sur sa tombe, une nuit la lueur bleue d'un cierge danse dans le fond du cimetière; elle se cache et le cortège des revenants défile devant ses

_____

(1) *Iannik le savetier*, conte raconté par un barbier connu sous le nom de *Goguez ar Rohart*.

yeux étonnés. Il en est de trois sortes : les noirs, les gris et les blancs.
Les noirs sont les damnés, et sa mère se trouve parmi eux. N'ayant
ni bijoux, ni croix d'or, ni bague, elle sacrifie un tablier, que la
mère déchire en neuf morceaux en signe de l'acceptation de
l'offrande. La nuit suivante l'âme est revêtue d'un linceul gris ; les
prières de la fille ont déjà reçu leur récompense ; alors celle-ci
tout heureuse dénoue les cordons d'un second vêtement analogue au premier et le donne à la morte. Cette fois c'est en trois
morceaux que la mère déchire cette modeste parure, et la nuit suivante elle revient en blanc. Dans le mois, elle entrera dans le jardin
du paradis, où sa fille doit la rejoindre au bout d'un an et un
jour (1).

La vision *smaragdine* de saint Jean n'a jamais pu trouver d'écho
sur les bords de l'Elorn et de l'Ellé ! Allez donc faire croire à ces
porteurs de braies, dont Aristote admirait déjà la sagesse théolo-
gique (2), que la Jérusalem céleste est une ville de forme carrée, avec
trois mille stades de côté, entourée d'un mur haut de *cent quarante-
quatre coudées*, percé de douze portes fermées par de *grosses perles*
avec des assises superposées.

La première de *jaspe*, la seconde de *saphir*, la troisième de *chalcé-
doine*, la quatrième d'*émeraude*, la cinquième de *sardoine*, la sixième
de *cornaline*, la septième de *chrysolithe*, la huitième d'*aigue-marine*,
la neuvième de *topaze*, la dixième de *chrysoprase*, la onzième d'*hya-
cinthe* et la douzième d'*améthyste*. Ce grand joujou d'or et de perles,
comme l'appelle M. Renan, pouvait convenir à des marchands de
bijoux, de Palestine, à des commerçants sémites, mais non pas aux
fils de la belle *Koridwen*, dont le nom signifie la nature.

Le paysan des montagnes noires, le pêcheur de Plougastel ou de
Kerlouan, le marin de Roscoff ou de Crozon, ne l'ont jamais tenu
en grande estime.

Ils avaient dans la tête le jardin du Léon, et sont restés fidèles à
ce délicieux Eden. C'est pour cela que là, plus que partout ailleurs,
s'est gardé le culte des morts dont on conserve les ossements dans
des édifices d'une incomparable élégance.

Les cimetières y sont d'une magnificence architecturale excep-
tionnelle. Selon l'antique usage, ils entourent l'église même du
village que domine un clocher que l'on salue de loin, comme on

_____

(1) *Ar blac'hik Hag ine he vamm.* La jeune fille et l'âme de sa mère, *Guerziou
breiz izel*, chants populaires de la Basse-Bretagne recueillis et traduits par
P.-M. Luzel, page 60. Premier volume.
(2) Il disait d'eux : « Ces Gaulois sont bien extraordinaires, ils ont un dieu dont
la première qualité est de ne pas être dieu. »

ÉGLISE, RELIQUAIRE ET ARC DE TRIOMPHE, A SAINT-THÉGONNEC

saluait jadis le grand menhir, *signal* des ossuaires de l'époque
celtique.

On y entre par un portail décoré de colonnes et de niches sculptées. La grande porte en ce pays est signe de lieu noble ; tous les
châteaux et les manoirs en ont gardé la tradition encore vivante à

Non loin s'aperçoit la chapelle des morts, le *Karnel*, où se font les cérémonies des funérailles. C'est un petit oratoire, décoré avec un soin pieux et toujours chargé d'inscriptions parlantes. Maison dernière de ceux que les paysans de ces clans vénérables appellent

Ossuaire et calvaire de Saint-Thégonnec.

Ma tud, mon peuple, famille disparue avec laquelle ils continuent de vivre, comme si elle existait encore.

Contre le mur de l'église enfin s'ouvre l'ossuaire proprement dit où, sous de hautes toitures supportées par des colonnettes ouvragées, des cariatides sculptées, des consoles d'un style plein de recherche s'alignent sur des étagères de pierre, les petites châsses contenant les crânes, sur lesquelles sont écrits ces mots : « Je fus le chef de Marie Yvonne ar Du. » « Je fus la tête de Yan ar Bras. »

Parfois une fontaine complète la décoration de ces champs de repos, et tous les dimanches, après la messe, sous la conduite du chef de famille, la parenté entière s'y réunit pour y faire, dans un trou spécialement creusé au pied des tombes, la grande libation des rites oubliés. Dévotion sublime qui a résisté à toutes les excommunications de Rome l'intolérante (1).

Étudions, si vous le voulez bien, quelques-uns de ces cimetières.

A l'entrée de celui de Saint-Thégonnec, dont le sanctuaire principal est dédié à la Vierge sous l'invocation d'un personnage dont la légende n'est pas parvenue jusqu'à nous, s'élève ce fameux arc de triomphe dont nous vous avons parlé plus haut. Sur une pierre de cet arc sont écrits ces mots :

Itron vari a guir sicour, ni o ped
C'huantec d'u receo ur hugen quenta
Ad vocadez evit pec'her a pec'herez.

« Madame Marie de Bon-Secours, nous vous prions avec ardeur de recevoir notre premier bœuf, vous avocate pour le pécheur et la pécheresse. »

Au-dessus on aperçoit sculpté un bœuf, et cette image, un peu païenne, vous l'avouerez, est encore reproduite sur le côté Ouest du calvaire.

Nous n'insisterons pas sur l'offrande de ce taureau sacré.

Les prêtres en donnent l'explication suivante : l'animal est celui qui servit jadis au saint pour transporter les matériaux destinés à son église; ladite église porte la date de 1533 et le saint a dû vivre vers la fin du iv° ou du v° siècle (2).

Le calvaire très complet, avec ses deux larrons et ses saints plantés sur les bras de la croix posée sur une simple base carrée, est d'un aspect très pittoresque; il fut édifié en 1610.

Auprès s'élève le reliquaire avec cette longue inscription :

C'est une bonne et sainte pensée
De prier pour les fidèles trépassés.
Requiescant in pace.
Hodie mihi, cras tibi.
O pécheurs, repentez-vous étant vivants,
Car à nous morts, n'est plus temps.
Priez pour nous trépassés,
Un de ces jours vous passerez.
  Soyez en paix.

(1) Comme on pourrait nous contester l'authenticité de cette *libation*, nous renverrons le lecteur au *Barzas Breis* de M. de la Villemarqué, qui constate dans l'introduction de son chant de la fête des morts *la libation de lait* faite sur les tombes. (*Chants populaires de la Bretagne*, t. II, p. 449.)

(2) A Carnac, de même, sur la chapelle de Saint-Cornely se trouvent deux bœufs en bois sculpté; or le clocher de Carnac a été dressé en 1639, et dans les

Dans l'intérieur se trouve une mise au tombeau avec nombreux personnages de grandeur naturelle, revêtus de costumes d'une originalité saisissante.

> Tu le vois mort, pécheur, ce Dieu qui t'a fait naître;
> Sa mort est ton ouvrage et devient ton appui :
> A ce trait de bonté tu dois au moins connaître
> Que s'il est mort pour toi, tu dois vivre pour lui.

Je passe deux inscriptions bretonnes qui accompagnent ce quatrain; elles n'en sont que les traductions approximatives.

Guimiliau, qui n'est distant que d'une lieue de Saint-Thégonnec, est plus magnifique et plus parfait encore.

Il a sa porte monumentale, à l'entrée du cimetière une chapelle des morts dédiée à saint Roch, patron des pierres levées (roc), un charnier avec colonnettes à jour, et le plus beau calvaire de Basse-Bretagne après celui de Plougastel Daoulaz.

La porte n'a rien d'extraordinaire; la chapelle des morts à droite de l'entrée possède une chaire extérieure, où prêche le jour des morts le recteur qui conduit la procession des fidèles à travers le champ funèbre. Quelles saisissantes paroles doivent alors tomber des lèvres convaincues de ce pasteur, au milieu de ces femmes en deuil, revêtues du grand manteau noir à capuchon tombant, de ces fils accroupis sur les tombes de leurs pères, devant ces têtes décharnées qui vous regardent de leurs yeux vides. Comme il doit être beau de redire les vertus des ancêtres à cette foule émue, et quelle puissante éducation peut donner cette familiarité avec la mort qu'admirait Horace :

> *Non paventis funera Galliæ,*

et qui a fait la grande force de notre immortelle patrie !

Le calvaire de Guimiliau mérite une étude particulière. On en fait le tour, par cinq arcades qui lui servent de contreforts; un escalier mène à la plate-forme au-dessus de laquelle se dressent les trois croix règlementaires, celle du Christ avec anges recevant le sang des plaies dans des calices, celles des larrons attachés par des cordes à de simples potences en forme de T.

Toute la passion, toute la vie du Christ se déroule aux pieds de

---

ouilles récentes d'une villa du temps de Constantin on a trouvé un bœuf e[n] bronze auprès de statuettes de Vénus et de déesses mères de l'époque gallo romaine. *Hugenn* ou *Egenn* veut dire littéralement bœuf ou taureau, et *Hegi* germe des grains, bourgeons des arbres; l'*apis* « qui naturam inseminare dice[n]tur » nous semble assez désigné par ce simple rapprochement.

ces croix, avec un cortège de bourreaux, vêtus comme au xviᵉ siècle :
scènes très curieuses au point de vue de l'histoire du costume militaire et civil en Armorique. C'est la renaissance bretonne dans toute
sa splendeur.

On a osé attribuer à des Italiens toutes ces merveilles naïves.
M. de Freminville, hélas! a jadis écrit la chose, et tous à sa suite s'en
vont répétant que de fabuleux Transalpins nous ont dotés de tous
les clochers, de toutes les chapelles, de toutes les statues, de tous
les bas-reliefs que nous admirons dans ce noble pays d'Arvor.

Or, savez-vous les signatures qu'on peut lire à la Roche, sur les
corniches sculptées de la nef? *A. Rollant,* 1559; à Plounnéour-Trez sur
une pierre de la tour : *faict par Yves le Seic'h*; à Landivisiau au bas
d'une statue de sainte Anne : *M.-J. Floc'h.*

Pour des gens habitués à parler la soi-disant langue des anges, je
trouve les noms ou surnoms de ces braves imagiers un tant soit
peu rudes.

Mais c'est une manie en France de croire que des étrangers ont
confectionné tous nos chefs-d'œuvre.

Chambord a passé longtemps pour avoir été conçu par le Primatice, et ce n'est que dernièrement qu'on a découvert le nom vrai de
son architecte ou ouvrier de Blois, qui s'appelait *Pierre Nepveu.*

Les magnifiques tombeaux de Brou ont été sculptés, dit-on, par je
ne sais quels artistes flamands de la cour de Marguerite d'Autriche,
et c'est *Jean de Paris* qui en fut l'inventeur et *Michel Colomb* le
sculpteur, au dire des érudits modernes.

Nos calvaires bretons sont italiens comme je suis Turc.

En fait d'art nous avons eu, nous avons encore, nous autres Français, une école qui est plus forte que toutes les écoles du monde, c'est
celle de la nature, et il est sorti chez nous de cette école d'admi-
rables génies, n'en déplaise aux messieurs enrubannés de la villa
Médicis. Peut-être nous sera-t-il donné un jour de développer cette
thèse avec tout le soin qu'elle mérite.

Revenons pour le moment au calvaire de Guimiliau. Il suffit de
le regarder d'un peu près pour s'apercevoir qu'il ne peut être que
l'œuvre d'un Breton pur sang.

1581-1588, telles sont les dates qu'on y peut lire, l'une sur le
fronton, l'autre au-dessous de l'adoration des mages.

Or, que disent ces deux dates? nous sommes en pleine *Ligue,* sous
le règne de Henri troisième du nom, roi de France et de Pologne, la
veille de la journée des barricades, au moment du grand triomphe
de ce que Passerat et ses confrères appelaient *la quinte essence
catholique, Jésuitte, Espagnole.* Ici tous les bourreaux du Christ ont

des costumes ibériens. Toques relevées à la béarnaise, haut-de-chausses bouffants, fraises godronnées, collerettes à tuyaux, salades, bourguignottes, rondaches, hoquetons, cabassets, armures particulières aux bandes de Joseph d'Aquila et des autres.

Figure du Diable, à Guimiliau.

Pilate porte une mitre comme monsieur le Légat de la *Satyre Ménippée*. Toute la procession des soldats romains ressemble beaucoup plus au défilé des combattants de la *Sainte Union* qu'à toute autre chose, et le diable aux trois pommes enfin est revêtu d'une cagoule ecclésiastique, irrévérence que pouvait seul se permettre un disciple de Rabelais, que n'aurait jamais osé produire un suppôt de *Papimanie*.

Du reste dans un petit coin de ce calvaire se voit tout au long l'histoire de *Catel Collet*, Catherine la Perdue, dont la complainte est tout ce qu'il y a de plus celtique :

Chetu va dorn quiriec d'am c'heuz.
Ha chetu sa zèot argarzuz!
Va dorn en deuz gret ar Pec'het.
Ha va zeot en deuz hé nac'het.

Voici ma main cause de mon malheur
Et voici ma détestable langue ;
Ma main qui a fait le péché
Et ma langue qui l'a nié.

Plus tard, à propos du Folgoat, nous examinerons les caractères distinctifs de cette sculpture bretonne, et nous espérons prouver alors surabondamment que nos *tailleurs d'images* étaient non des Italiens ni même des Anglais, mais les descendants directs des grands maîtres français de Chartres, de Bourges et de Paris.

Le portail de l'église de Guimiliau, sur lequel on lit cette inscription :

Hic locus venerandus vere est domus orationis,

Christ bénissant, à Lampaul.

« Ce lieu vénérable est vraiment la demeure de la prière », porte la date de 1605, quoi qu'il soit du plus pur style de la renaissance.

On y remarque une série de petits sujets sculptés dans la voussure, représentant des scènes tirées de l'ancien testament. Tous ces personnages ont une allure tellement primitive qu'on les croirait exécutés par des artistes du xii⁰ siècle, n'étaient les ornements fleuris qui les accompagnent.

Ève y allaite le petit Abel, en agitant du pied le berceau dans lequel repose Caïn. Le maudit, après la mort de son frère, s'enfuit avec sa bêche de laboureur à la main, et le Père éternel, couronné comme un roi, bénissant de la dextre, l'arrête et l'interroge. — Noé s'y promène dans un navire d'une forme étrange au-dessus duquel se dresse un mât chargé de sa hune avec cordages découpés. — Ailleurs il repose dans une posture plus qu'indécente qui motive de la part de ses fils un geste très étonné et le blâme qu'ils font à Cham d'avoir dévoilé leur père.

Nous retrouverons ces mêmes scènes probablement faites par les mêmes mains à Pencran, à la Martyre et dans nombre d'églises du Léon. La troupe d'ouvriers qui sculpta Guimiliau se transporta sans doute dans les paroisses voisines et reproduisit, tout en la variant selon la disposition

Baptistère dans l'église de Guimiliau.

des lieux, cette ornementation pittoresque dans tous les sanctuaires de la contrée.

Le Baptistère de la grande église est digne d'attirer l'attention du touriste. C'est un baldaquin de bois, orné de colonnes torses entourées de vignes chargées de raisins avec fleurs, fruits, insectes, oiseaux, dauphins, renommées, couronnes royales et bannières blasonnées aux couleurs du donataire, un seigneur de Cornouailles et une demoiselle de Kergorlay sa compagne. La corniche porte le nom de celui qui présida à la construction de ce meuble ravissant ; c'était

Vénérable et discrète personne messire H. Guillerm recteur, 1675.

Un nom peu italien, comme vous le voyez encore.

Lampaul, aujourd'hui paroisse distincte, n'était jadis qu'une trève de Guimiliau.

Là encore nous trouvons une porte triomphale, un ossuaire et les fameuses sculptures bibliques que nous venons de signaler plus haut.

La tour, aujourd'hui découronnée de son clocher, que quelques auteurs anciens comparaient à celui du Kreisker, laisse lire à sa base cette inscription latine.

Anno Dmni 1573 die 19 Aprilis, fundata fuit hæc turris.

« Dans l'année du Seigneur 1573, au dix-neuvième jour d'avril, fut fondée cette tour.

Dans l'intérieur de la chapelle on aperçoit un bénitier fantastique où deux démons entourés de serpents se tordent dans des convulsions qui expliquent le proverbe : « comme un diable dans un bénitier. »

On y voit aussi l'image du fameux dragon que saint Pol, le patron

Dragon de Saint-Pol de Léon, à Lampaul.

du lieu, y fit prisonnier : le nom de *Coat ar sarpant* donné à un bois voisin a gardé le souvenir de cette légende.

Pol revenait du Faou où il avait capturé certain monstre qui désolait la contrée. Arrivé à Lampaul, deux paysans vinrent à sa rencontre, et lui dirent qu'il n'avait rien fait, car le reptile venimeux qu'il tenait en laisse attaché à son étole avait laissé dans le pays un petit plus féroce encore que son père. Le saint alors délia la bête et lui commanda d'aller quérir sa funeste progéniture, ce que fit aussitôt l'animal farouche devenu docile comme un chien dressé.

Nous parlerons plus tard de ces serpents et nous en donnerons
l'explication probable quand nous décrirons la cathédrale du grand
apôtre du Léonais.

Après Lampaul, toujours en suivant la route de Brest, on rencontre Landivisiau, dont l'église est dédiée à saint *Thuriaff*, qui se
prononce, paraît-il, en breton *divisiau*. Nous ne dirons rien de cette
chapelle ; elle est bâtie dans le même style que celle que nous venons
de visiter. Sur le portail, décoré des statues des douze apôtres, on
lit :

> *L'an 1534 fut fondée cette porte.*
> *Estaient lors fabricques. Y. Martin. — I. Abgral.*

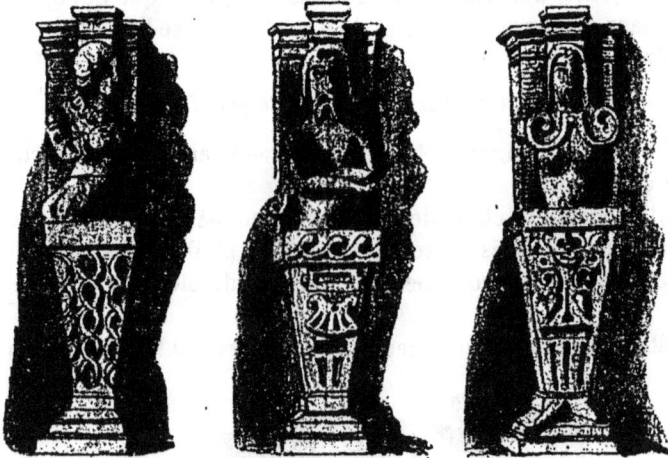

Cariatides de l'ossuaire de Landivisiau.

Le chevalier de Freminville en donne une autre ainsi conçue :

> 1565. *Arscouet lors fabrique. V. Perron.*
> *N. Coniou gvr.*

La dernière abréviation signifierait, selon lui, gouverneur, maître
de l'œuvre.

Le clocher est de 1590.

> *Le 14 octobre mil cinq cent quatre-vingt et dix fut commencée ceste*
> *tour.*

L'ossuaire, jadis près de la paroisse, maintenant transporté dans
un cimetière voisin du bourg, mérite une mention spéciale.

C'est là que se trouvent les fameuses cariatides dont les fabricants

RELIQUAIRE DE LANDIVISIAU.

de livres modernes ont fait successivement des démons, des satyres, des Vénus et des reines Catherine.

Notre croquis explique suffisamment l'aspect de ces personnages pour que nous nous contentions d'une explication sommaire.

D'un côté se trouve l'*homme* placé entre le vice et la vertu, le vice toujours en costume espagnol, la vertu avec une coiffure évidemment bretonne. De l'autre la mort en archer, criant :

Ouy : çà. Je suis le Patron De celuy quy fera fin,

sépare un guerrier barbu de son épouse ; l'inscription de la femme

Cariatides de l'ossuaire de Landivisiau.

disparu ; quant au guerrier, revenu par suite des guerres à une philosophie toute humaine, il lance au monde avec un dédain suprême cette sentence pleine de profondeur :

La Gloire de ce monde C'est un chosse.......

La fin manque et devait probablement compléter la pensée par l'épithète de *futile* ou de *vaine*, ce qui ressort du commencement de la phrase.

Si nous nous attachons à transcrire ici toutes ces inscriptions, c'est que nous croyons que rien ne donne l'esprit d'une époque comme ces paroles jetées çà et là sur les murs. Elles ont toute la saveur d'un temps où l'on n'écrivait pas, comme du nôtre, hélas ! souvent pour ne rien dire.

CALVAIRE DE LA MARTYRE.

A la Roche-Maurice se voit un autre *Karnel*, plus curieux que celui de Landivisiau, parce qu'il n'a été heureusement ni déplacé ni restauré.

Clocher de la Roche-Maurice.

Sur le fronton se lit encore une inscription :

Memor. esto. judicii. mei.
Sic erit et tuum
Mihi hodie. tibi cras. 1639.

« Souviens-toi de mon jugement, il en sera de même du tien. — Aujourd'hui la mort pour moi, demain pour toi. »

A Sibiril, l'inscription est plus énergique; il y est dit en breton :

Hirio Dimé
Varhoaz Didé.

« Aujourd'hui c'est moi, et demain toi. »
Sur la petite porte de l'ossuaire de la Roche, on voit encore ces mots :

Memento homo quia pulvis es
1640.

La façade de ce reliquaire contient à sa base une série de bas-reliefs que nous reproduisons en majeure partie plus bas. On a voulu y voir une danse macabre. Auprès de celle du Charnier des Innocents de Paris, de celle de Notre-Dame de Kermaria en Plouha, les sujets sculptés dans la chapelle de la Roche sont bien incomplets.

Ils se composent de dix bas-reliefs. Du côté droit on reconnait saint Yves, entre le riche et le pauvre (1), flanqué d'un panneau

Sculptures de l'ossuaire de La Roche.

chargé d'un ornement en forme de rosace, et d'un autre décoré d'une tête de mort posée sur deux os en croix. A la gauche de l'entrée on devine un laboureur avec sa houe, une pucelle tenant un bouquet à la main, un prêtre ou un magistrat en bonnet carré, puis un panneau fruste qui devait contenir un évêque; et le pape à la triple croix qui commence la fameuse ronde.

Pour ce qu'en qualité de pape
Tu tiens les clefs du paradis
Ne crois pas, moi mort te le dis
Empêcher que je ne h ... pe.

(1) L'église paroissiale, celle qui contient le fameux *jubé* que nous donnons plus loin, est dédiée à *saint Yves de Vérité*. La statue du saint, en costume de président des grands jours, se voit sur la porte de la façade occidentale.

Auprès, sur un bénitier creusé dans la pierre, un squelette tenant une flèche dans les deux mains, comme à Landivisiau, crie :

Je vous tue tous.

La Martyre, — *Ilis ar merzer*, l'église du martyr, — fondée en l'honneur de saint Salomon, roi de Bretagne, qui reçut la mort en ce lieu (1), a conservé de très beaux restes de son antique splendeur.

Ses vitraux, ses sculptures, son calvaire avec balustrade flamboyante, les bas-reliefs de son porche, méritent d'être examinés avec soin.

Bénitier de l'ossuaire de La Roche.

Sur un des bénitiers de l'intérieur, chargé d'une ornementation fort remarquable, se lit la date de 1601 et sur un autre celle de 1681 avec l'inscription :

Hæc aqua benedicta
Sit nobis salus et vita.

Que cette onde bénie
Soit le salut de notre vie.

L'ossuaire contient une dernière inscription en langue bretonne, d'un effrayant caractère :

(1) La vie de ce Salomon n'est pas précisément très édifiante ; elle ressemble encore plus peut-être que celle du tyran Rivod, l'assassin de saint Melar, dont nous avons parlé plus haut, aux Chroniques mérovingiennes des descendants de Clovis.

Ce Salomon, neveu de Nominoé ou Neomene, comme l'appelle Albert le Grand, avait tout simplement assassiné son cousin Herispoé au pied même de l'autel où il s'était réfugié dans l'église de Talensac, et s'était ensuite emparé de sa couronne. S'il fut tué à son tour, ce fut par vengeance. Les frères du roi meurtri par lui, Pascueten et Gurvan, avaient juré de ne pas laisser impuni le meurtre de leur aîné, et ils tinrent leur serment.

Les évêques vénèrent Salomon à cause de sa soumission au pape Adrien, auquel il envoya des présents magnifiques : une statue d'or de sa taille, une mule richement caparaçonnée, trente pièces d'accoutrement, une tente de tapisserie en broderie de laine, trente peaux de cerf et trente pièces de drap pour ses serviteurs, trente sols d'or enfin, avec promesse de lui en payer autant tous les ans. Le pape lui avait répondu que le pays qu'il gouvernait ne devait plus s'appeler Occident, mais Orient, puisqu'un autre Salomon y régnait.

Si les moines irlandais n'étaient pas venus régénérer la petite Bretagne, la féodalité y aurait été bien plus épouvantable que dans le reste de la France.

Statue de Saint-Pol de Léon, à Lampaul.

Statue de Saint-Yves de Vérité, à La Roche.

CHAPELLE, ENTRÉE DU CIMETIÈRE ET CALVAIRE DE PENCRAN.

Han. maro. — Han barn. — Han ifern.
Ien pa ho soing. Den e tle crena.
Fol eo na preder.

« La mort, le jugement, l'enfer.
« Froid quand on y pense, l'homme en doit trembler.
« Fou celui qui n'en médite. »

La suite se lit sur un cartouche de droite.

Esperet guelet ez eo ret decedi
1619.

« Espérez voir il faut mourir. »

Pencran enfin, qui termine la série de nos ossuaires du Léon, est une petite chapelle délicieusement située au milieu des arbres, sur

Ossuaire de Pencran.

la haute colline qui domine la ville de Landerneau ; elle possède un calvaire d'un pittoresque achevé, moins compliqué que ceux de Plougastel et de Guimiliau, mais d'une élégance toute particulière avec ses cavaliers juchés sur les bras de la croix et ses anges de pierre voltigeant sous les pieds du Christ. Sur une pierre du portique on lit l'inscription suivante :

Le 13e jour de mars l'an 1557 fut fundé cette chapelle au no de Dieu

et de la Vierge et de madame Saincte Apolline de par Hervé Kaouez
et Guiette-Bras fabrique de la dite chapelle.

Son ossuaire, aujourd'hui devenu simple *débit de tabac*, porte
encore écrit sur le linteau de sa porte ces mots :

Chapel da S. Aitrop ha Karnel ha lakat esquern an pobl.

« Chapelle de Saint-Eutrope et charnier pour mettre les ossements
du peuple. »

Voilà terminé notre pèlerinage aux chapelles funéraires des
superbes vallées de l'Elorn et de la Penzé. Nous avons avec le plus
grand soin relevé tout ce que ces monuments pouvaient présenter
d'intéressant : la tâche était difficile, et nos descriptions vous ont
peut-être paru légèrement monotones, mais nous tenions à vous faire
saisir sur le vif le caractère du culte des morts dans cette contrée
sainte.

La vraie, la seule base de la religion des Armoricains est dans cet
amour inouï des ancêtres. Or, M. Renan prétend « que ce respect
des aïeux est la grande loi des vrais hommes de progrès » (*Souvenirs
d'enfance et de jeunesse*). Vous voyez donc que nos pauvres Léonards
ne sont pas si arriérés qu'on veut bien nous le dire.

L'immortalité de l'âme a été la révélation de la Gaule, selon le mot
superbe d'Alfred Dumesnil.

Un penseur sublime, un poète, le plus grand peut-être qu'ait eu la
France, a osé l'affirmer quelques heures avant d'entreprendre le
grand voyage. Ne méprisons donc pas les esprits simples qui ont
conservé si pure la tradition de leurs pères.

Croire que la mort n'est qu'un fossé qui sépare une terre bienfaisante d'une autre terre moins féconde et plus triste, s'élancer cou-
rageusement par delà ce fossé, pour continuer sa route sur l'autre
bord, comme on franchit un ruisseau pour aller serrer la main d'un
ami et marcher de concert avec lui dans un chemin plus agréable,
ce n'est pas déchoir ! c'est courir en avant ! encore en avant ! toujours en avant ! ce qui est la grande loi de la vraie civilisation sur
cette terre.

Mervel da veva,

comme dit la devise des Kererault de Kergomar :

Mourir, c'est vivre.

Quand on pousse ces cris sublimes, quand on a cette foi vibrante au cœur, ce n'est pas dans les bas-fonds ténébreux de l'obscurantisme que l'on descend : on monte vraiment vers la lumière.

Écusson des sires de Kerouzéré dans l'église de Siberil.

CHAPITRE IV

LANDERNEAU ET SES ENVIRONS

**LA ROCHE-MAURICE. — LA PALUD.
JOYEUSE-GARDE.**

Vous n'êtes pas sans avoir rencontré de par le monde, dans quelque famille de haute bourgeoisie ou de petite noblesse, une de ces grandes filles jadis belle, maintenant

desséchée, mal en point, exhibant ses maigres épaules ornées de rubans flétris, mais coquetant quand même à ses heures. Hélas! aux jours heureux de son printemps, à cause même de ses charmes, elle méprisait tous les galants :

> *La belle les trouvait trop chétifs de moitié.*

L'âge est venu, et n'ayant même pas rencontré le limaçon de La Fontaine, par force elle a coiffé sainte Catherine, ainsi que le dit le proverbe.

Sa sœur cadette, moins jolie, mais mieux avisée, profitant de l'expérience, s'est jetée dans les bras d'un puissant protecteur, l'a cajolé plus que de raison, partant est devenue duchesse ou marquise. Fière de son titre, depuis elle a mis toutes voiles dehors et ne manque jamais l'occasion de narguer son aînée, de l'éclabousser de son luxe, de la couvrir de ses dédains, et de la déchirer à belles dents dès que l'occasion s'en présente.

Il y a certaines villes en France qui ressemblent beaucoup à ces deux sœurs.

L'aînée, jadis rayonnante, dotée par la nature, mais restée vieille fille, s'est vue déchoir au profit de sa voisine, mince cadette qu'elle regardait par-dessus l'épaule. Maintenant, abandonnée, méprisée, elle cherche bien aux jours de fête à *paraistre*, comme disait Agrippa d'Aubigné, mais son trousseau ne se composant que de fanfreluches hors de mode, au lieu d'affrioler les gens, elle les fait sourire, tandis que la petite devenue « haulte dame », chargée de cadeaux excessifs par son généreux époux, prend des airs de souveraine et couvre à chaque instant de ridicule sa trop naïve rivale qu'elle se plait à *morguer* avec toute la verve rageuse d'une rancune trop longtemps contenue!

Lyon se moquera éternellement de Bourg en Bresse; Nîmes, de Tarascon; Avignon, de Carpentras; Périgueux, de Brives-la-Gaillarde; et Paris, de Pontoise; et Pontoise, Brives, Carpentras, Tarascon, Bourg, n'en sont pas moins d'adorables petits coins, bien plus pittoresques et plus agréables que les riches capitales qui les tournent en dérision.

Landerneau, entre toutes les autres, a eu le malheureux sort de voir Brest grandir à ses côtés, et après avoir failli épouser des rois, de ne garder comme patron qu'un pauvre ermite déguenillé, saint Houardon, de piteuse mémoire, chanté grotesquement par M. Bonjour, et illustré par le peintre Yan Dargent.

Landerneau n'est plus qu'une vieille fille, et comme elle n'a jamais pu se produire au grand soleil, elle passe ses nuits à contempler mélancoliquement sa fameuse lune.

LANDERNEAU. — CLOCHER DE SAINT-HOUARDON.

Quoi qu'il en soit, cette vieille fille a conservé de bien beaux restes, et nous ne manquerons pas en passant de lui présenter ici tous nos hommages.

Maintenant, qu'est-ce donc que cette fantastique lune qui l'a rendue ridicule et dont on la blasonne si malencontreusement depuis des siècles ?

La question est terriblement controversée, et l'on peut dire qu'à son sujet *grammatici certant.*

Les uns prétendent que le clocher de St-Houardon possédait jadis à son sommet un immense disque de cuivre figurant sans doute un soleil, et que les habitants de Brest, par dérision, avaient appelé ce soleil : *la Lune de Landerneau.*

D'autres affirment qu'une compagnie d'archers, d'arquebusiers ou d'arbalétriers, comme il en existait tant dans les villes du Nord de la France, à chaque revue, à chaque exercice, portait triomphalement à travers la ville et le marché une cible immense, cercle blanc sur un fond noir

Landerneau. — Vue prise de la route de Lesneven.

qu'elle allait planter je ne sais où. Certain jour, le caissier de cette association, homme fort adroit du reste, ayant fait un trou dans la lune, et remporté le prix du tournoi, disparut pour ne plus revenir en enlevant les fonds de la corporation, d'où serait venu le mot *faire un trou dans la lune...* de Landerneau.

LANDERNEAU. — LA SÉNÉCHAUSSÉE, PLACE DU MARCHÉ.

La version qui semble la plus vraisemblable est celle qui fait venir
le dicton gouailleur de la cour même du Roi-Soleil.

Un gentilhomme, sans doute parent du fameux Pécaudière, né

Landerneau. — Le champ de bataille.

natif des environs de Landerneau, dont parle Mme de Sévigné, se
trouvant sous le règne de Louis le Grand admis dans les jardins de
Versailles, fut interpellé un beau soir par un muguet de la cour.
Notre provincial, extrêmement Breton, embarrassé dans sa rhingrave
toute neuve, ses triples canons, ses rubans à coques et sa grande ra-

pière pendante, pour se donner une contenance en gravissant les marches de marbre rose, regardait en l'air. « Est-elle belle aujourd'hui la lune? lui cria le courtisan. — Moins belle que celle de Landerneau, » lui répliqua l'ami de Pécaudière.

La phrase fit fortune à la cour, et depuis elle a couru le monde.

Chez nous, il suffit d'un jeu de mots pour ridiculiser un homme, et de la naïveté d'un sot pour faire la réputation d'une pauvre petite ville.

Alexandre Duval, avec sa comédie des *Héritiers*, a donné le coup de grâce à cette malheureuse cité.

« *Il y aura du bruit dans Landerneau,* »

a fait jadis rire tout Paris, par conséquent toute la France, et l'ancien chef-lieu de la vicomté de Léon qui porte, s'il vous plaît, sur son écu, écartelé au un et quatre d'or au lion morné de sable, qui est Léon, au deux et trois, de gueules à neuf macles d'or accolées et aboutées qui est Rohan, est devenue la ville grotesque par excellence.

La vérité, c'est que Landerneau entre ses deux coteaux, magnifiquement boisés, avec son quai plein de mouvement, ses petites maisons pimpantes, son *champ de bataille*, ses grandes fabriques, ses clochers élégants, son vieux pont et son moulin ducal, est une *urbe coquette* où

Porche latéral et contrefort de l'église de Saint-Houardon, à Landerneau.

l'on aime à venir se reposer des dédains suprêmes de Brest l'orgueil-

Landerneau. — Maison place du Marché.

leuse, des sourires protecteurs de l'aristocratique Quimper et des
regards en coulisse de Saint-Pol de Léon la dévote.

LANDERNEAU. — RUE POULDIRY.

Malheureusement Landerneau *s'haussmanise.*

La place de l'ancienne halle, avec sa grosse tourelle et ses maisons à pignon sur rue, n'est plus reconnaissable. On a rebâti l'église de Saint-Houardon tout en conservant le portail et le clocher. L'hôtel où logea la reine Anne, en 1505, dont un bouquet de lierre voilait depuis des années l'arc féodal placé au-dessus de la porte, a depuis longtemps disparu. Sur la seule maison du Moulin de Rohan, dont nous donnons ici le dessin, se lit encore en caractères gothiques cette pompeuse inscription :

L'an 1518, puissant Jacques vicomte de Rohan, comte de Porhoët, seigneur de Léon de Garnache, de Beauvoir sur mer et de Blain, fist faire ces ponts et maisons au dessus de riviere... par Jean le Guiriec seneschal de cette ville.

Combien de temps subsistera ce débris historique? Nul ne le saurait dire. Un de ces jours, quelque architecte de la tribu des Vandales ou des Ostrogoths, comme il en existe tant en France, renversera tout cela pour y construire un pont monumental, avec balustrade en fonte, et la vieille pucelle du pays de Léon, à laquelle ces parures antiques allaient si bien, deviendra une *localité* banale sans aucun caractère.

Heureusement qu'il lui restera toujours ses environs.

Je crois qu'il est difficile de rencontrer ailleurs une réunion de sites plus variés qu'aux alentours de Landerneau.

Lorsque vous remontez la rivière d'Elorn, si bien nommée jadis par les chroniqueurs *Dour Doun* « l'eau pro-

fonde », le paysage qui se déroule sous vos yeux prend tout à coup un cachet d'une sauvagerie étrange mêlé d'aspects d'une ineffable douceur. Dans la calme transparence de l'onde se

Vue du château de la Roche-Maurice et de la vallée de l'Elorn, près de Landerneau.

LANDERNEAU. — PORTE DU MOULIN DE ROHAN.

reflètent de grands arbres aux troncs lisses; des fleurs à longues
tiges tapissent les bords profondément creusés du petit fleuve, tout
près s'étendent des champs semés de gazons verts, et non loin se
dressent des rochers abrupts parsemés de profondes cassures au
milieu desquelles croissent, disséminés çà et là, des arbres robustes,
restes de l'antique forêt qui couvrait jadis la contrée tout entière.

C'est comme un Rhin en miniature, moins les brumes et l'eau bourbeuse. Rien n'y manque, pas même la Roche du Diable, dont nous
parlerons tout à l'heure, pas même les inaccessibles donjons où
veillaient les hautains seigneurs souverains du pays.

Le premier de ces donjons, la Roche-Maurice, que les Bretons
nomment *Roc'h Morvan*, y découpe sur le ciel, au sommet de son
roc noirci par le temps, la silhouette de sa tour carrée, flanquée de
pans de murs couverts de lierre et de violiers odorants.

C'est bien la vallée décrite par Ernold le Noir, *Ernoldus Nigellus*,
un poëte du IXe siècle dont le latin barbare ne manquait pas parfois d'une certaine élégance :

> Est locus, hinc sylvis, hinc flumine cinctus amœno,
>   Sepibus et sulcis atque palude situs.
> Intus opima domus, hinc inde recurserat armis,
>   Forte repletus erat milite seu vario.
> Hæc loca præcipue semper Murmanus amabat :
>   Illi certa quies, et locus aptus erat.

« Là se trouve un lieu noble, entouré de grandes forêts, près duquel coule un fleuve d'une aménité sans pareille; de nombreuses
haies, des fossés profonds, d'immenses marais le protègent contre
toute attaque, au dedans, l'opulente demeure est remplie d'armes
et de guerriers innombrables. Morvan préfère ce séjour à tout
autre, car il y vit entouré de tout ce qui peut lui assurer la tranquil-
lité la plus complète. »

Ce Morvan du poëme latin est celui auquel Louis le Débonnaire
adressa une ambassade, lorsqu'après la mort de Charlemagne les
clans de Domnonée se révoltèrent réclamant leur indépendance.
Le récit de l'entretien de l'envoyé de l'empereur franc avec le
Pen tiern armoricain nous a été conservé; nous n'hésitons pas à le
reproduire ici parce qu'il donne mieux que toute autre chose
l'idée vraie de ce que pouvait être la cour d'un roi breton à cette
époque.

Le porte-paroles du César germanique se nommait Witchar et
était abbé; lorsqu'il parvint à la Roche-Maurice, toutes ces forêts
sombres, tous ces guerriers à la rude face, l'intimidèrent quelque

peu. Morvan le reçut assis sur un siège de bois dur, et le prêtre commença son discours :

Consule, heu! patriæ, populo, rogo, consule cuncto ;
Consule seu proli conjugiique toro.

« Songe à ta patrie, à tout ton peuple, à tes enfants, à la femme qui partage ton lit. »

Morvan frappait du pied le sol, et restait les yeux fixés à terre sans mot dire.

Château de Roc'h Morvan, près Landerneau.

Les adroites menaces de Witchar et sa mielleuse éloquence commençaient pourtant à remuer son cœur, lorsque tout à coup arriva sa compagne, la belle épouse du prince ; elle baisa d'abord le genou de son mari ; puis, entourant de ses bras blancs ses larges épaules, elle s'assit familièrement sur ses genoux, et posa sa tête gracieuse sur la poitrine du chef du peuple.

Un long murmure glissa de ses lèvres dans l'oreille de Morvan.

Le roi congédia Witchar.

Le lendemain il lui faisait répondre :

« Que Lodewig règne sur les Francs, le royaume des Bretons appartient à Morvan. Les champs que je cultive ne sont pas les siens, et je n'ai pas de lois à recevoir de lui. Si vous avez des lances acérées, j'ai mille chariots pleins de javelines; si vous avez des boucliers blancs, j'ai des boucliers peints à choquer contre eux. Que les Francs osent déclarer la guerre, moi aussi je pousserai le cri du combat et leur montrerai que mon bras n'est pas si faible qu'ils le pensent. » .

> Bella cient Franci, confestim bella ciebo ;
> Neve adeo imbellis dextera nostra manet.

Morvan paya de sa tête son obstination ; mais plus tard Nomènoé le vengea quand, à la bataille de Ballon, il défit Charles le Chauve en personne, lequel, pris de terreur subite, abandonna sa tente, tout son appareil royal et sa défroque byzantine à son farouche vainqueur.

« Vous n'userez plus vos chaussures de cuir bleu doré à poursuivre les Bretons, ni vos balances à peser leur tribut. »

> Ho pouton ler glaz alaouret.
> Ho skudili na uzot ket.
> Ho skudili aour gwech ebet
> O poesa mein arVretoned
>   Argad.

« Vivre libre ou mourir, » était déjà en 845 la fière devise de la Bretagne.

Bien longtemps avant Morvan, du temps de Constantin le Victorieux, la Roche-Maurice fut le théâtre d'un exploit bien plus miraculeux encore.

Alors régnait en ce lieu un prince nommé Elorn, celui qui par l'accident que nous allons raconter donna son nom à la rivière.

Deux généreux chevaliers, Neventerius et Derrien, nobles preux de la Bretagne insulaire, comme ils revenaient de la Terre sainte, où les avaient recueillis et soignés de ses propres mains la femme de l'empereur elle-même, la grande sainte Hélène, passèrent un certain jour près du château. Comme ils côtoyaient la rivière qui avait nom pour lors *Dour Doun*, l'eau profonde, ainsi que nous l'avons dit plus haut, ils virent tout à coup, au sommet d'une tourelle, Elorn, qui, fou de désespoir, se précipitait du haut de ses murailles dans les eaux rapides du petit fleuve. Nos chevaliers coururent à toute bride à son secours et, l'ayant joint, le tirèrent hors de l'eau, puis ils s'enquirent de lui quelle pouvait être la cause de son funeste désespoir. « Messieurs, leur répondit-il, il y a ici près un épouvantable dragon qui dévore hommes et bêtes, et fait horrible dégât et dommage irréparable. Pour à quoi obvier, le roi Bristokus, actuellement gouverneur de la cité de Brest, a fait un édict que tous les samedis de chaque semaine on getta le sort, et que celui sur lequel le sort tomberait serait obligé d'envoyer un homme à cette

Jubé de l'église de la Roche-Maurice.

cruelle beste. Or, ce sort est si souvent tombé sur moi que j'y ai envoyé tout mon monde, et il ne me reste plus que ma femme que voicy et ce petit enfant qu'elle tient entre ses bras, âgé seulement de deux ans, sur lequel le sort étant tombé, j'ai mieux aimé être suffoqué par les eaux que de le livrer à une mort si terrible. »

Les deux chevaliers, l'ayant patiemment écouté, le consolèrent, et lui promirent que s'il voulait tant seulement leur donner une

métairie en ses terres pour bâtir une église à leur Dieu, ils le déli-
vreraient du monstre farouche.

Elorn accepta l'offre et les guerriers se rendirent à la caverne du
terrible dragon.

A leur vue, il sortit de son antre et son sifflement épouvanta tout
le monde. Il était long de cinq toises, gros par le corps comme un
cheval, la tête faite comme un coq, retirant fort au bazilic, tout
couvert de dures écailles, la gueule si grande que d'un seul mor-
ceau il avalait une brebis, la vue si pernicieuse que d'un seul regard
il tuait les hommes.

Derrien mit pied à terre, mais son cheval s'effraya si fort qu'il se
prit à courir à toute bride à travers le pays. Cependant le chevalier
s'avança vers le dragon ; ayant fait le signe de la croix, il lui mit au
col son écharpe et dit à l'enfant d'Elorn, qui l'avait suivi : « Prends
la bête, et mène-la au château de ton père ; » ce que fit le petit Riok,
au grand étonnement de l'assistance.

De là les deux guerriers conduisirent leur capture au roi Bristokus,
puis vinrent en la cité de Tolente et au lieu dit le *Poulbeuzaneual*,
le précipitèrent en la mer, d'où ce Havre a gardé ce nom qui en langage breton veut dire *le port où fut noyée la beste*.

La Roche-Maurice, aujourd'hui, n'est plus qu'une ruine superbe.
C'est à l'ombre de cette ruine que s'élève le petit ossuaire que nous
avons décrit plus haut. Il n'y a plus maintenant là ni chevaliers, ni
roi, ni dragons, mais bien d'adorables petits moulins qui cachent
leur modeste toiture au milieu des arbres, dans des îlots délicieux
formés par la rivière, et troublent seuls de leurs *tictacs* sonores la
solitude de cette vallée toujours merveilleuse.

Pour revenir de la Roche à la ville, on peut prendre par la hauteur, et gagner Pencran. Nous ne reparlerons pas de ce gracieux
village, ni des poétiques ombrages sous lesquels il se cache ; c'est
la promenade favorite des habitants de Landerneau.

Du haut de cette colline boisée, à l'extrémité d'une avenue qu'on
appelait jadis le mail de Kerlorec, on aperçoit au loin tout le cours
de la rivière, et dans le fond la rade de Brest. Encadré dans la sombre
verdure des grands arbres, le paysage est d'une magnificence incroyable. A gauche, la côte rocheuse de Plougastel découpe çà et
là ses blocs superposés d'un fantastique étrange, dans leur nudité
sauvage. A droite s'étendent les riants coteaux de Guipavas et de
Kerhuon.

Lorsque, tout enfant, nous vîmes pour la première fois ce paysage
si plein de contraste, comme nous demandions à la servante chargée
de nous conduire l'explication de cette rudesse d'une part, et de

cette richesse végétale de l'autre, elle nous raconta une légende qui est restée profondément gravée dans notre esprit.

La voici dans sa simplicité naïve :

Un jour que maître Guillaume (c'est le nom que les paysans de Léon donnent familièrement au diable) voyageait sur la rive gauche de l'Elorn, attardé par ses nombreuses affaires et saisi par la faim, il souleva le loquet d'une porte à Plougastel et demanda comme un simple mendiant du pain et de l'eau à la maîtresse du logis. La maîtresse le regarda, ferma la porte et ne répondit rien. Désappointé, il recommença à la chaumière suivante et fut accueilli de même sorte. La route était longue pour arriver à Brest. Là, il savait, le malin, qu'on le recevait toujours à bras ouverts, mais la faim le tenaillait. Que faire? Il enjamba la rivière au lieu dit *Roc'h an Diaul*, « la roche du diable » où se voit, empreinte dans la pierre, la marque de sa redoutable griffe, puis toucha terre à Guipavas.

La première porte à laquelle il frappa s'ouvrit toute grande devant lui, et ce n'est pas du pain, ce n'est pas de l'eau qu'on lui servit, mais bien une pleine bassine de bouillie, et du cidre et du vin tant qu'il en voulut.

Quand il eut bu, qu'il eut mangé en se reposant au coin de l'âtre, il se mit à deviser avec son hôtesse. Quels étaient ses désirs? il pouvait tous les contenter.

Hélas! elle n'en avait pas de bien ambitieux. Quelques pierres gênaient ses légumes dans le verger, quelques cailloux rendaient moins fructueuse sa récolte dans le champ, elle ne demandait à l'homme noir que de les enlever.

— Certes, je le ferai de bien bon cœur.

Et il se mit à la besogne, les premières roches tombèrent dans la rivière, mais petit à petit, tout en jocquetant avec les cailloux, comme il regardait au delà de l'eau, il se ressouvint de sa mésaventure au village de Plougastel. Alors les pierres, au lieu de tomber dans la vallée, prirent le chemin de la côte voisine, mais en passant par la main du diable, elles grossissaient, grossissaient toujours; plus il en jetait, plus il en trouvait, si bien que son ouvrage dura toute la nuit. Ce qui vous explique pourquoi la rive droite de la rivière de Landerneau est si fertile et la rive gauche au contraire si abrupte et si désolée.

Nous n'avons pas à nous occuper aujourd'hui de cette rive gauche, Plougastel se trouvant dans le pays de Cornouailles; quant à la droite, arrêtons-nous-y quelque temps, si vous le voulez bien, elle en vaut la peine.

Dès que l'on est sorti de la ville, on trouve au milieu des arbres un clocher et tout auprès une magnifique tombe. Le clocher est

Clocher de Beuzit, près de Landerneau.

tout ce qui reste de l'église de Beuzit Conogan, et le tombeau couvrait jadis les cendres de l'illustre chevalier Troïlus de Montdragon, seigneur du Hallot, baron d'Auteuil, colonel de quatre mille hommes de pied, capitaine de Rennes en 1510, gentilhomme espagnol, qui épousa Françoise de la Palue, dame dudit lieu de Tresiguidy et autres, dont les blasons

sont finement sculptés sur les panneaux du soubassement de pierre
où repose l'image de l'homme d'armes en cuirasse, la tête découverte.
avec son épée nue étendue près de lui. Une figure d'ange est assise
sur cette épée, doux emblème de l'inutilité forcée de cette arme que
ne doivent jamais plus remuer les mains qui jadis si glorieusement
la portèrent.

Tombeau du chevalier Troïlus de Montdragon, à Beuzit.

Non loin s'élevaient les débris de *Joyeuse-Garde,* lieu célèbre entre
tous dans les romans de chevalerie et qui abrita jadis les belles
amours d'Yseult la blonde et de Tristan de Léonais, de Lancelot du
Lac et de l'infidèle Ginevra.

Quelques pans de mur couverts de mousse, une ogive enguirlandée
de lierre, la porte d'un souterrain, voilà tout ce qui reste aujourd'hui
du séjour des preux de la table ronde.

Quelle splendide légende que celle de l'irrésistible amour du beau
Tristan pour la femme du vieux Mark, la voluptueuse reine du pays
de Cornouailles! et qu'on aime à la relire au lieu même où la fixa
le premier poète de l'imagination duquel elle sortit fraîche et naïve
dans sa beauté première.

C'est au milieu d'une forêt lugubre, que naquit Tristan, lorsque sa mère Isabelle, fille de Félix de Cornouailles, en quête de son époux Méliadus ravi par une fée malfaisante, lui donna le jour dans les larmes.

« Triste je viens ici, triste j'y accouche, en tristesse je t'ai eu, triste est la première fête que je te fais, triste je mourrai pour toi : par ainsi, cher enfantelet, tu auras nom *Tristan*, lui dit sa mère » ; puis elle expira.

Écu du chevalier Troïlus de Montdragon.

Le chevalier, protégé par Merlin l'enchanteur, et sauvé par l'écuyer de madame Isabelle, après avoir fait ses premières armes à la cour de France, revint chez son oncle Mark. C'est là qu'il pourfendit d'un magnifique coup d'épée le terrible Morhoult d'Irlande, qui venait insolemment réclamer un injuste tribut à sa patrie. Mais, blessé dans son duel par la lance empoisonnée du grand batailleur, Tristan, ne trouvant en Cornouailles aucun *mire* capable de le soigner, jeta sur ses épaules la harpe du trouvère, prit en main le bâton du pèlerin, et s'en fut chercher remède par lointains pays.

Le sort le jeta sur la côte d'Hybernie, près d'un château où vivait *Yseult aux blonds cheveux*. Sous les remparts, il chanta. Doucement bercé par ses vers Yseult l'envoya chercher ; apprenant que c'était un chevalier blessé qui demandait du secours, elle l'accueillit. La jeune fille, hélas ! guérit le corps du jeune troubadour, mais il s'éloigna d'elle avec une blessure au cœur dont il devait souffrir jusqu'à la mort.

De retour dans son pays, comme il ne tarissait pas d'éloges sur la beauté d'Yseult, Mark, vieillard stupide, en devint amoureux à son tour et ordonna à son pauvre neveu, en servage chez son supérieur, d'aller demander pour lui, roi, la main de la princesse.

En loyal chevalier, Tristan accomplit sa mission, mais au retour, sur le vaisseau qui les portait tous les deux, un jour qu'embrasée de désirs, Yseult demandait à son guide d'étancher sa soif brûlante, Tristan lui servit *le boire amoureux* composé par la reine d'Irlande et destiné à réchauffer le vieux sang du roi Mark au jour du grand sacrifice. Yseult vida la coupe à moitié et la tendit à son amant qui l'acheva d'un trait.

Hélas! on conçoit sans peine l'ivresse dans laquelle les plongea ce philtre magique.

On ne brave pas en vain le pouvoir des fées.

Ils s'aimèrent, et Marck, même avant les fiançailles, sentit son casque s'orner de la triple couronne si souvent réservée aux amoureux de son âge.

Je passe ici sous silence la nuit fatale et la substitution de Brangien la fidèle servante, la trahison du Sénéchal et du nain de la cour qui permit au vieux Mark de surprendre les deux amants, la condamnation d'Yseult et sa fuite avec le beau Tristan, puis tous les faits de guerre et tous les exploits du vaillant héros; après maintes prouesses, reçu chevalier de la table ronde avec tout le cérémonial en usage, il devint ami de Lancelot qui lui fit courtois accueil en son château de *Joyeuse-Garde.*

Là, dans les retraites vertes et parfumées qui environnent la demeure hospitalière, près des sources d'eaux vives où venaient boire les daims et les cerfs seuls confidents de leurs amours, les amants enfin réunis feuilletèrent, en écoutant le chant des oiseaux nichés sous la ramure, le livre de l'amour, divin poème qui ne devrait jamais finir.

> Avec Yseult et les Amours,
> Ah! que je fais un doux voyage !
> Heureux qui peut vivre toujours
> Avec Yseult et les Amours !
> Elle est maîtresse de mes jours :
> Près d'elle ils sont tous sans nuages.
> Avec Yseult et les Amours,
> Ah! que je fais un doux voyage !

Hélas! de par le grand jugement d'Arthur, sous peine de forfaiture Yseult dut retourner à la cour de son mari légitime, le sieur Mark le roi de Cornouailles, et Tristan gagna l'Armorique, où il épousa la fille d'Hoel, une autre Yseult aussi, que les chroniqueurs, pour la distinguer de sa rivale, appellent *Yseult aux blanches mains.*

Mais qui peut résister à sa destinée?

La fille d'Hoel ne fit pas oublier à Tristan sa souveraine mie ; il resta son servant d'amour. Puis un jour que, guerroyant pour son pays, il marchait contre Urnois comte de Nantes, il fut blessé au siège d'un château par le chevalier Lestoc, de funeste mémoire. Transporté dans son logis, couché sur le flanc pour de longs jours, alors il se ressouvint de celle qui l'avait entouré de tant de soins, et réclama cette blesseuse de cœur qui guérissait si bien les corps.

Yseult son épouse feignit de consentir à sa demande, et son messa-

ger partit pour le pays de Cornouailles. « Voici mon anneau que tu
remettras à la reine, et dis-lui bien que sans elle c'est la mort cruelle
qui m'attend. Si tu la ramènes, à ton vaisseau arbore des voiles blanches, et sinon mets des voiles noires ; avant de t'avoir vu je saurai
mon sort, et mon âme s'échappera plus vite de ce cœur qui ne vit
que pour elle. »

Plusieurs journées se passèrent. Yseult aux blanches mains près
du lit de son époux restait debout mordue par la jalousie féroce,
mais souriante quand même.

Tous les matins la petite filleule de la princesse allait voir si le
navire aux voiles blanches apparaissait à l'horizon, mais rien ne
troublait la ligne bleue de la grande baie, et Tristan gémissait sur
sa couche, les lèvres encore parfumées par le goût du *Boire amoureux* qu'il avait jadis vidé avec sa douce mie.

— Marraine, voici le vaisseau, et les voiles sont toutes blanches.

— Entre, fillette, et surtout, entends-tu bien, je te l'ordonne au
nom de Dieu et sur ta part de paradis, dis au seigneur que noires
sont les voiles.

— Sire Tristan, votre messager va revenir, son navire a doublé le
grand cap.

— Et les voiles ?

— Les voiles sont noires, hélas !

— Yseult, ma femme, jamais plus ne vous verrai, ni vous moi. Adieu
donc, adieu pour toujours. Et le cœur lui creva dans la poitrine.

La reine de Cornouailles débarquant demandait aux gens de la
ville :

— Pourquoi les cloches sonnent-elles si tristement ?

— C'est que Tristan est mort, lui répondit-on.

Alors, pénétrant au château, elle se jeta sur le cadavre, colla ses
lèvres sur les siennes et mourut sur son corps, exhalant son dernier
soupir dans un baiser suprême.

On les enterra somptueusement dans la chapelle de Cintageul, au
lieu où ils s'étaient tant aimés, et de la tombe d'Yseult sortit une
ronce couverte de fleurs qui s'en fut rejoindre la pierre tombale de
Tristan de Léonais... Trois fois on arracha la ronce et trois fois
elle repoussa quand même plus verdoyante et plus fleurie : trait
d'union qui reliait entre eux ces deux corps, miracle d'amour signi-
fiant que leurs âmes ne devaient plus se quitter dans le séjour des
bienheureux.

Les auteurs de la vie des saints trouvent une autre explication du
nom de *Joyeuse-Garde* donné au château de la rivière de Landerneau : ils disent que du temps où les Danois, peuples barbares et

idolâtres, ravagèrent la contrée, les paysans du Léon se réfugièrent en cette place forte et y ramenèrent leurs troupeaux et le meilleur de leurs biens.

Comme ils y tenaient avec grande vigilance sentinelles et garnisons, un jour, le vaisseau qui portait saint *Tenenan*, fils d'un prince hybernien nommé *Tinidorus*, aborda en ce lieu; alors les soldats crièrent: « Voici celui qui doit nous garantir des barbares et nous délivrer de peines et appréhensions. » Ceux qui étaient dans la forêt répondirent à ces cris en se disant l'un à l'autre : « *Meurbet joa a zeuz er Goard* », ils mènent grande réjouissance en la garnison, et de là ce château fut nommé *Kastel ioa euz er Goard*, que les Français, accoutumés à tordre le nez à notre breton pour l'accommoder à leur idiome, appellent château de *Joyeuse-Garde*.

Nous avouerons que l'histoire de Tristan et d'Yseult est plus réjouissante que celle de saint Ténenan, fils de Tinidorus.

Après les hagiographes sont venus les archéologues, qui ont, comme toujours, prouvé jusqu'à l'évidence que la cour de Cramalot où régnait Arthur, étant en Grande-Bretagne, la forêt d'Arnantes devait se trouver dans cette même région, et que la Joyeuse-Garde des chevaliers n'avait jamais pu avoir été conquise et habitée par Lancelot en Basse-Bretagne où elle ne se trouvait pas.

A cela nous ne répondrons qu'une chose :

Berox d'Angleterre a pu traduire, mais n'a pas inventé le roman de Tristan de Léonais. — Thomas, postérieur au moins d'un quart de siècle à Berox, n'a fait que l'arranger à la façon saxonne. Chrestien de Troyes s'est servi de ces versions et c'est de lui que nous tenons la Cornouaille du roman pour Cornouaille insulaire.

Mais déjà en 1150 les troubadours provençaux chantaient les aventures de la blonde Yseult avant tous les Anglais du monde. Au commencement du xiie siècle, Luc, seigneur du château de Guast près Bayeux, écrivait de ces mêmes aventures un récit qui a bien son importance. Si l'on voulait s'en donner la peine, on trouverait en France et surtout en Bretagne, dans la mémoire du peuple, des fragments de ce poème sans aucun mélange d'influence étrangère.

Donc rien ne prouve que le roi Mark ne fût pas Cornouaillais de *Kernéhuel*, comme Tristan malgré tout est resté incontestablement un Armoricain de la côte du Nord; donc Joyeuse-Garde de Landerneau a pu être le séjour vrai des amours d'Yseult, et si la Table ronde nous est revenue d'Angleterre, elle a bien pu être conçue tout d'abord dans la *moindre Bretagne*, comme disent les légendes : ce qu'il fallait démontrer.

On n'exigera pas de nous une dissertation plus complète. Si nous insistions, nous aurions peut-être contre nous toute l'affreuse bande des Philologues, des Polymathes, des Ethnologues, des Mythologues et des Anthropologues de France et de Navarre.

Ce qui est le plus triste sort qu'on puisse souhaiter à son plus irréconciliable ennemi.

(Armoiries de la ville de Landerneau)

FIN DU TOME PREMIER.

TABLE DES GRAVURES

ARMOIRIES EN COULEUR

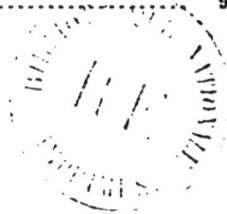

TABLE DES MATIÈRES

BRETAGNE

4495-85. — Corbeil. Typ. et stér. Crête.

LA FRANCE ARTISTIQUE ET PITTORESQUE

BRETAGNE

www.ingramcontent.com/pod-product-compliance
Lightning Source LLC
Chambersburg PA
CBHW060608100426
42744CB00008B/1357